JOHN ELYSTON DE SOUZA ALTMANN

TENHA FÉ, FORÇA & **CORAGEM**

CONQUISTE Sonhos, Supere **DESAFIOS** e
TRANSFORME Adversidades em Oportunidades.

Copyright © 2024 por John Elyston de Souza Altmann.
Todos os direitos reservados.

Nenhuma parte deste livro pode ser reproduzida, armazenada em sistema de recuperação ou transmitida de qualquer forma ou por qualquer meio, eletrônico, mecânico, fotocópia, gravação ou outro, sem permissão prévia por escrito do autor, exceto em casos de breves citações incorporadas em resenhas críticas e análises.

A reprodução não autorizada desta obra, no todo ou em parte, constitui crime de violação dos direitos autorais (Lei n.º 9.610/1998).

Este livro é uma obra que reflete a visão e a interpretação pessoal do autor sobre os temas abordados.

Dados Internacionais de Catalogação na Publicação (CIP)
(Câmara Brasileira do Livro, SP, Brasil)

Altmann, John Elyston de Souza
Tenha fé, força & coragem : conquiste sonhos, supere desafios e transforme adversidades em oportunidades / John Elyston de Souza Altmann. --Manaus, AM : Ed. da Autora, 2024.

ISBN 978-65-00-90550-2

1. Coragem - Aspectos religiosos 2. Crescimento espiritual 3. Fé 4. Transformação espiritual I. Título.

24-188285   CDD-248.4

Índices para catálogo sistemático:

1. Crescimento espiritual : Vida cristã : Cristianismo   248.4

Eliane de Freitas Leite - Bibliotecária - CRB 8/8415

Distribuição na Amazon
ISBN: 9798873531950
Selo editorial: Independently published

Para informações adicionais ou permissões, entre em contato com o autor em contato@altconsultoria.com.br

Siga o autor no Instagram: @_mr.altmann_

DEDICATÓRIA

Dedico este livro a todos aqueles que, cansados da vida que levam, buscam construir uma nova história. É para você, que decidiu corajosamente buscar auxílio, mudar de mentalidade e transformar completamente sua vida. Seja bem-vindo à jornada da renovação e do autodescobrimento.

SUMÁRIO

Agradecimentos..i
Introdução 1
Capítulo 1 - Despertando A Consciência............................3
Capítulo 2 - Rompendo Com O Medo 15
Capítulo 3 - Existe Um Propósito.....................................29
Capítulo 4 - Mas Afinal, Quem É Você?............................45
Capítulo 5 - Plantando A Semente Da Esperança 67
Capítulo 6 - A Arte Da Perseverança 89
Capítulo 7 - Disciplina: O Alicerce Do Sucesso....................... 119
Capítulo 8 - Foco Inabalável: Vencendo As Derrotas Internas
.... 137
Capítulo 9 - A Jornada Do Sucesso 155
Capítulo 10 - Construindo O Futuro Desejado............................ 173
Sobre O Autor... 185
Links 187

AGRADECIMENTOS

Agradeço sempre a Deus por tudo o que ele faz, por todas as circunstâncias e dificuldades. Ele sempre está no controle de tudo e sabe o que é melhor para cada um de nós.

Agradeço também à minha esposa e filhos pelo amor dedicado e paciência. Vocês são o meu maior tesouro e minha maior bênção.

Agradeço aos meus amigos mais íntimos que confiam e acreditam que eu sempre posso melhorar.

Agradeço a você, leitor, por embarcar comigo nesta jornada e tomar a decisão de não desistir nunca.

Com carinho,

John Elyston de Souza Altmann.

INTRODUÇÃO

No universo da vida, enfrentamos encruzilhadas, desafios e momentos de dúvida que testam nossa fé, resistência e coragem. É nesses momentos cruciais que a busca por significado se torna essencial. Este livro, intitulado "Tenha Fé, Força e Coragem", é uma jornada transformadora que explora os alicerces espirituais, familiares, emocionais, financeiros e profissionais para construir um futuro resiliente.

Ao longo dessas páginas, mergulharemos em um processo de autodescoberta, guiados pela sabedoria divina e inspirados por histórias bíblicas, princípios cristãos e conselhos práticos. Desde o fortalecimento dos laços familiares até o cultivo da gratidão, cada capítulo é uma peça essencial no quebra-cabeça da vida bem vivida.

Desafiaremos a mentalidade convencional, convidando você a enxergar oportunidades onde outros veem apenas obstáculos. Cada passo nesta jornada é uma oportunidade de crescimento, uma chance de redefinir o sucesso à luz do propósito divino. O livro é uma sinfonia de disciplina, espiritualidade, bem-estar emocional, sucesso financeiro e profissional, tecendo uma narrativa que transcende as limitações terrenas.

Este livro transcende as fronteiras de um simples conjunto de páginas; é uma jornada, uma experiência transformadora que busca tocar as fibras mais profundas de sua fé, força e coragem. À medida que você se aprofunda nessas palavras, permita que a narrativa não seja apenas uma leitura, mas um convite para uma renovação interior.

Cada página é impregnada com a essência da fé, convidando você a mergulhar em uma conexão mais profunda com Deus. A jornada proposta não é apenas informativa, mas espiritualmente enriquecedora, desenhando um caminho de ressurgimento para a sua fé. Que, ao fechar o livro, sua fé esteja renovada, pulsando com uma vitalidade que transcende as palavras impressas.

Assim como um ferreiro molda o metal na forja, estas palavras buscam forjar a sua força interior. Cada capítulo é uma martelada que modela a sua resiliência, incentivando você a enfrentar as adversidades com determinação. A intenção não é apenas que você leia sobre a força, mas que experimente o seu fortalecimento a cada reflexão, transformando desafios em oportunidades de crescimento e superação.

A coragem, muitas vezes, é um facho que queima mais intensamente quando alimentado pelas chamas da inspiração. Este livro é um suprimento constante para esse fogo interior, um chamado para enfrentar seus medos, desbravar territórios desconhecidos e abraçar a vida com ousadia. Que, ao virar cada página, você sinta a coragem pulsar em suas veias, capacitando-o a abraçar o desconhecido com confiança renovada.

Cada palavra é um convite para se deixar inspirar. Seja nas histórias contadas, nos princípios compartilhados ou nas verdades profundas reveladas, o propósito é catalisar uma transformação interna. Que, ao absorver essas palavras, você encontre a motivação necessária para perseguir seus objetivos com determinação, mantendo acesa a chama da esperança mesmo nos momentos desafiadores.

Em suma, este não é apenas um livro, mas um aliado na sua jornada de transformação. Que ele seja mais do que palavras impressas, tornando-se um catalisador de mudança, impulsionando-o em direção a uma vida de fé renovada, força fortalecida e coragem avivada.

Prepare-se para uma jornada que vai além das palavras, uma jornada que moldará não apenas o seu presente, mas também o seu futuro. Tenha fé, força e coragem, pois a vida aguarda sua história de superação e triunfo. Que este livro seja uma ferramenta valiosa em suas mãos, guiando-o rumo a um futuro pleno de significado e propósito.

CAPÍTULO 1
DESPERTANDO A CONSCIÊNCIA
Enxergando Além dos Limites

"Não se amoldem ao padrão deste mundo, mas transformem-se pela renovação da sua mente..."
Romanos 12:2 (NVI)

Na jornada rumo à transformação pessoal, é essencial começar o processo por um profundo despertar da consciência. Imagine a mente como uma paisagem vasta, repleta de potencial inexplorado, mas frequentemente enclausurada por muros invisíveis — crenças limitantes que, sutilmente, moldam nossa visão de mundo e estabelecem os limites do que ousamos acreditar ser possível.

Paulo, o sábio apóstolo, nos instiga com palavras inspiradoras em Romanos 12:2 (NVI): "Não se amoldem ao padrão deste mundo, mas transformem-se pela renovação da sua mente..." Nessa frase, encontramos um chamado à ação que transcende as normas do mundo e nos convida a embarcar em uma jornada interna de renovação e transformação.

Crenças limitantes são como correntes invisíveis que, ao longo do tempo, foram se entrelaçando em nossa psique. Elas moldam nossa percepção de nós mesmos, dos outros e do mundo ao nosso redor. Estas crenças muitas vezes têm origens profundas, enraizadas em experiências passadas, educação, sociedade e autocrítica constante. Criam uma prisão mental, impedindo-nos de alcançar todo o potencial que reside em nosso interior.

A exortação de Paulo é um chamado à não conformidade, à recusa em ser moldado pelos padrões transitórios deste mundo. A transformação, segundo ele, inicia-se pela renovação da mente. Isso implica em desaprender padrões autodestrutivos, questionar suposições arraigadas e adotar uma mentalidade aberta a possibilidades ilimitadas.

O convite de Paulo e o meu convite para você, querido leitor, é uma chamada para uma jornada contínua de renovação mental. Não é uma mudança instantânea, mas sim um compromisso diário de desfazer as amarras das crenças limitantes. É um processo de autodescoberta, de questionar o que pensamos saber sobre nós mesmos e sobre o mundo, abrindo espaço para novas perspectivas e possibilidades.

Tudo começa na mente

Tudo começa na mente. Nada surge sem antes passar pela forja dos pensamentos, seja na sua própria mente ou na mente de outros. A vida, como a percebemos, teve origem nos pensamentos do Criador, a quem alguns chamam de Deus, outros de força sobrenatural, e outros ainda de ser supremo ou design inteligente. Eu, pessoalmente, o chamo de DEUS, o Senhor.

No princípio, o universo era envolto em escuridão. Nada tangível existia, mas tudo já tinha forma na mente do Criador. Ele visualizava cada detalhe, sentia a fragrância das flores, o calor do sol, a brisa. A criação, assim, não passou de uma materialização dos pensamentos de Deus, um plano executado.

Acreditar que as coisas ocorrem ao acaso é insensato, assim como esperar alcançar algo desejado sem esforço é ilusório. Toda ação, seja boa ou má, todo projeto, cada sentimento, começa na mente e, somente depois, se manifesta no mundo tangível.

Portanto, cuidemos do que ocupamos em nossos pensamentos. O que pensamos se torna real, moldando-nos para o sucesso ou impulsionando-nos ao fracasso. Somos o reflexo dos nossos pensamentos.

Reitero, **NÓS SOMOS AQUILO QUE PENSAMOS!** Ao olhar para dentro de si, que imagem você encontra? Um ser derrotado, incapaz, infeliz, ou alguém alegre, capaz, realizador? Nossos pensamentos definem quem somos e como enfrentamos a vida.

Paulo, ao escrever à igreja em Roma, admoesta: "Não se amoldem aos padrões deste mundo, mas transformem-se pela renovação da sua mente". Em outras palavras, não se deixem influenciar pelos padrões mundanos. Vocês são diferentes; não se conformem com a mesmice.

Muitos sentem o peso de agradar a todos, sacrificando a própria essência. Contudo, viver para agradar a todos nos afasta de nossa verdadeira jornada. Jesus, o homem Deus, não veio para imitar, mas para cumprir um propósito único: resgatar a humanidade.

Ele não se preocupava em agradar a todos, pois compreendia que sua mensagem desafiava os padrões do mundo. Da mesma forma, não devemos conformar-nos aos padrões impostos pelos governantes deste mundo. Assim como Jesus, somos peregrinos, estrangeiros com um propósito especial.

Não se amolde ao padrão do mundo; busque a verdadeira essência. Afinal, não somos todos iguais. Cada um é único, especial, criado à imagem de Deus. Não permitamos ser moldados por padrões passageiros; renovemos nossa mente.

Os padrões mundanos nos levam à tristeza, inveja, desânimo, enquanto os padrões de Deus nos conduzem à alegria, paz, amor e vida plena. A vida é passageira, e as modas do mundo são efêmeras. Não nos deixemos aprisionar por padrões fugazes.

Repito: "Não se amoldem aos padrões deste mundo, mas transformem-se pela renovação da sua mente".

Muitas vezes, associamos mente ao coração. Quando nos sentimos desanimados, dizemos que o coração está machucado, mas são os pensamentos que geram sentimentos. Paulo, além de alertar contra a conformidade ao mundo, destaca a necessidade de transformar a mente.

Assim, não basta resistir aos padrões mundanos; é preciso transformar a mente para mudar completamente a vida. É um processo diário e árduo de substituir pensamentos negativos por pensamentos que refletem a vontade de Deus.

Ao escrever aos Filipenses, Paulo instrui: "tudo o que for verdadeiro, nobre, correto, puro, amável, de boa fama, excelente e digno de louvor, pensem nessas coisas." Devemos pensar em coisas de excelência, alegres, de paz e amor.

Arranque pensamentos de incredulidade, menosprezo, solidão e depressão. Escolha a vida. Jesus veio para que todos tenham vida em abundância. Não aceite a ideia de que alguns são destinados ao sofrimento; Deus nos fez para uma vida plena.

Independentemente do estado atual, é necessário que você tome uma decisão.

Tudo que vivemos é resultado de escolhas passadas. O primeiro passo para uma vida plena é a transformação pela renovação da mente, recusando-se a ser moldado pelos padrões mundanos e buscando a vontade de Deus.

Quebrando os Grilhões das Crenças Limitantes: Trampolins para a Expansão da Consciência

Em nosso caminho rumo ao sucesso, a jornada muitas vezes começa desafiando as normas estabelecidas pelo mundo ao nosso redor. É uma ousada busca pela autenticidade, pela liberdade de ser quem realmente somos. Essa jornada intrépida exige que, em primeiro lugar, quebremos os grilhões das crenças limitantes que há muito tempo nos aprisionam.

Cada um de nós é um viajante nesta jornada chamada vida, carregando consigo uma bagagem única de experiências, sucessos e fracassos. Essa bagagem molda a forma como percebemos a nós mesmos e o que acreditamos ser possível. As experiências bem-sucedidas muitas vezes nos elevam, enquanto os fracassos tendem a criar cicatrizes emocionais que podem se tornar barreiras intransponíveis, caso permitamos.

As crenças que carregamos são como um conjunto de correntes ou trampolins. Se as vemos como correntes, elas nos impedem de avançar, limitam nossa visão e restringem nossas conquistas. Por outro lado, se as encaramos como trampolins, essas mesmas crenças podem impulsionar-nos a alturas inimagináveis. A chave está em como percebemos e utilizamos nossa bagagem.

Romper com o padrão do mundo exige audácia, um desprendimento daquilo que a sociedade, a cultura e até mesmo nossas próprias experiências nos dizem sobre quem somos e o que podemos alcançar. Significa questionar as crenças arraigadas que, por vezes, limitam nosso potencial, restringindo-nos a uma visão estreita de nós mesmos.

A expansão da consciência é um ato corajoso de desafiar as normas estabelecidas e, com ousadia, aceitar o desafio de ir além. Cada experiência, seja um sucesso glorioso ou um fracasso doloroso, tem o potencial de ser um trampolim para a expansão da consciência. Os fracassos não são derrotas, mas lições valiosas. Os sucessos não são apenas triunfos, mas também oportunidades para crescer ainda mais.

Ao quebrar os grilhões das crenças limitantes, abrimos espaço para a aceitação da diversidade de possibilidades que a vida oferece. Nossa visão de sucesso se amplia, não mais restrita a moldes predefinidos, mas aberta à riqueza e complexidade da experiência humana.

Ao desafiar as crenças que nos aprisionam, transformamos nossa bagagem em trampolins para a expansão da consciência. Essa jornada de autenticidade e coragem nos conduzirá além dos limites impostos pelo mundo, abrindo caminho para o sucesso autêntico e realização pessoal. Quebrar os grilhões é o primeiro passo para voar rumo às alturas que antes considerávamos inalcançáveis.

Renovação da Mente: Um Convite à Transformação Profunda.

Na busca pela autenticidade e sucesso genuíno, a renovação da mente surge como um convite não apenas para uma mudança superficial, mas para uma transformação profunda. É uma jornada que desafia as normas sociais e as limitações autoimpostas, que nos convida a questionar e redefinir as narrativas que construímos sobre nós mesmos.

Renovar a mente vai além de simplesmente ajustar comportamentos externos. É uma jornada corajosa e profunda que nos leva a examinar as raízes de nossas crenças, questionando a validade das histórias que contamos a nós mesmos sobre nossas habilidades, valia e possibilidades. A superficialidade é substituída pela introspecção, pela busca sincera de compreender quem somos e quem desejamos nos tornar.

Somos, por vezes, prisioneiros de padrões culturais, expectativas sociais e autocrítica constante. A renovação da mente é um ato libertador que nos desvincula dessas limitações autoimpostas. O convite é para questionarmos e desafiarmos as normas que nos dizem quem deveríamos ser e abraçar a liberdade de sermos verdadeiramente nós mesmos.

A renovação da mente encontra seu fundamento na narrativa divina. Deus nos criou por um propósito específico, e moldar nossa mentalidade ao caráter de Cristo é um passo fundamental nessa jornada. Em 2 Coríntios 10:5 (NVI), somos lembrados da necessidade de "derrubar argumentos e toda pretensão que se levanta contra o conhecimento de Deus, e levamos cativo todo pensamento, para torná-lo obediente a Cristo."

A renovação da mente é um convite à transformação que nos liberta das amarras da sociedade e das limitações que impomos a nós mesmos. Ao abraçarmos essa jornada profunda, encontramos a verdadeira liberdade para sermos quem fomos criados para ser, alinhando nossas mentes ao plano divino e moldando-as ao caráter transformador de Cristo.

O Potencial Ilimitado Dentro de Cada um de Nós

Em Romanos 12:2, somos instigados a não nos amoldarmos ao padrão deste mundo, mas a nos transformarmos pela renovação da mente.

Ele diz: "Não vos conformeis com este mundo, mas transformai-vos pela renovação da vossa mente, para que experimenteis qual seja a boa, agradável e perfeita vontade de Deus." (Romanos 12:2, ARA)

Essa poderosa exortação de Paulo é um chamado à transcendência, um convite para explorar o potencial ilimitado que reside dentro de cada um de nós.

A sociedade muitas vezes impõe limites, categorias e expectativas que, se aceitos sem questionamento, podem restringir nosso potencial. Meu convite a você é desafiar o convencional, questionar as normas preestabelecidas e abrir os olhos para a vastidão de possibilidades que se estendem além dos limites aparentes.

O potencial ilimitado é desvendado na renovação constante da mente. Isso implica em desaprender velhos padrões que nos limitam e estar disposto a aprender novas maneiras de pensar, agir e ser. É soltar as amarras do familiar para agarrar as oportunidades do desconhecido.

O profeta Isaias nos alerta dizendo: "Esqueçam o que se foi; não vivam no passado. Vejam, estou fazendo uma coisa nova! Ela já está surgindo! Vocês não a reconhecem?" (Isaías 43:18-19, NVI)

Abraçar o potencial ilimitado significa estar disposto a desafiar-se, a ultrapassar as fronteiras do que é confortável e familiar. É caminhar pela fé, acreditando que há mais em nós do que nossos olhos podem ver e mais para alcançar do que nossa mente pode conceber. Precisamos compreender que "... para Deus nada é impossível." (Lucas 1:37, ARA)

O potencial ilimitado não é apenas uma ideia inspiradora, mas uma verdade que nos capacita a superar obstáculos. Diante das adversidades, é a consciência renovada que nos impulsiona, a compreensão de que somos mais do que vencedores por meio daquele que nos amou. Cristo nos amou mais do que merecíamos e é por isso que "Posso todas as coisas naquele que me fortalece." (Filipenses 4:13, ARA)

Há uma vastidão de possibilidades à espera de serem descobertas quando nos dispomos a enxergar além dos limites preestabelecidos, a desaprender para aprender e a abraçar a grandiosidade que Deus colocou dentro de cada um de nós.

O potencial ilimitado é o chamado à grandeza que ecoa através das páginas da vida, esperando ser plenamente realizado naqueles que se dispõem a abraçar essa extraordinária jornada de transformação.

Desafios como Oportunidades de Crescimento: Escalando Degraus para a Transformação

Na jornada da vida, cada desafio, fracasso ou obstáculo que enfrentamos pode ser visto como uma oportunidade singular para o crescimento pessoal e a transformação interior. Em vez de serem encarados como barreiras intransponíveis, esses momentos se revelam como degraus que nos conduzem a patamares mais elevados de compreensão, autenticidade e autodomínio.

Desafios são, na realidade, oportunidades disfarçadas. Quando nos deparamos com uma situação difícil, a primeira reação muitas vezes é de resistência. No entanto, ao renovarmos nossa mente, podemos treinar nosso olhar para ver além das adversidades, reconhecendo nelas a chance de crescer, aprender e nos fortalecer.

Paulo foi um exemplo vivo disso. Ele entendeu que a vida não é feita apenas de momento alegres e felizes. Ele diz: "Não só isso, mas também nos gloriamos nas tribulações, porque sabemos que a tribulação produz perseverança; a perseverança, um caráter aprovado; e o caráter aprovado, esperança." (Romanos 5:3-4, NVI)

A mentalidade renovada nos capacita a mudar nossa perspectiva. O que poderia parecer uma barreira intransponível se torna um conjunto de degraus que nos conduz a novas alturas. Cada desafio superado é uma vitória sobre as limitações autoimpostas, um passo em direção à maestria pessoal.

A verdade é que "O Senhor, o meu Deus, ilumina as minhas trevas. Com o teu auxílio posso atacar uma tropa; com o meu Deus posso transpor muralhas." (Salmo 18:28-29, NVI). Ele é o nosso guia, a nossa rocha e fortaleza.

Em vez de lamentar perdas, a renovação da mente nos instiga a extrair coragem de onde não há. Cada desafio enfrentado, cada obstáculo superado, é uma oportunidade para forjar um espírito inabalável. É a coragem encontrada nas profundezas da adversidade que nos impulsiona a seguir adiante em direção aos nossos objetivos.

É por isso que Deus repete por várias vezes: "Seja forte e corajoso. Não tenha medo nem desanime por causa do rei da Assíria e do vasto exército com ele, pois há um poder maior do nosso lado." (2 Crônicas 32:7, NVI)

Os desafios revelam quem realmente somos. A autenticidade na adversidade emerge quando enfrentamos nossos medos e limitações. Ao renovar a mente, encontramos a capacidade de sermos verdadeiros conosco mesmos, aceitando nossas vulnerabilidades e transformando-as em fontes de força entendendo que Deus é suficiente para nos guiar. "Minha graça é suficiente a você, pois o meu poder se aperfeiçoa na fraqueza." (2 Coríntios 12:9, NVI)

Em última análise, desafios não são inimigos, mas mestres da transformação. Eles nos convidam a transcender, a escalarmos os degraus da adversidade com coragem e determinação. Ao invés de nos determos diante das perdas, encontramos impulso na coragem nascida da renovação da mente.

Desafios são oportunidades de crescimento, e a transformação que surge deles é o testemunho de uma mente que se recusa a ser aprisionada pelas circunstâncias, mas que, em vez disso, as utiliza como combustível para alcançar novos patamares de sabedoria e realização.

O Caminho Percorrido: A Busca por Significado

Ao explorarmos as profundezas da renovação da mente, somos inevitavelmente conduzidos a uma conclusão que transcende as fronteiras da mera autotransformação: a necessidade de tornar Jesus Cristo o Senhor e Salvador de nossas vidas. É neste ponto crucial que nos deparamos com uma encruzilhada entre a vida que levamos e a vida que verdadeiramente desejamos para nós, nossos filhos e nossa família.

Neste momento de reflexão, é vital questionarmos o caminho que temos trilhado. A vida que levamos reflete verdadeiramente nossos anseios mais profundos? As escolhas que fazemos diariamente estão alinhadas com o que realmente importa?

O despertar da consciência nos conduz a essas ponderações cruciais, chamando-nos a buscar um significado que transcenda as limitações do mundo ao nosso redor. "Pois que adiantará ao homem ganhar o mundo inteiro, mas perder a sua alma?" (Marcos 8:36, NVI)

Meu querido amigo, é somente em Cristo que encontramos a esperança capaz de efetuar uma transformação profunda e duradoura. Suas palavras não são apenas conselhos sábios; são fonte de vida e renovação. A aceitação de Cristo como Senhor e Salvador não é apenas uma escolha, mas o início de uma jornada que redefine nossa mentalidade, comportamento e atitudes. "Portanto, se alguém está em Cristo, é nova criatura; as coisas antigas já passaram, eis que se fizeram novas." (2 Coríntios 5:17, ARA)

A salvação em Jesus Cristo não é meramente um selo para o além, mas um catalisador de mudança aqui e agora. Ela opera uma nova perspectiva que transcende a visão convencional da vida.

Ao aceitarmos Cristo, nossa mente é iluminada por uma compreensão mais profunda do propósito da vida e somos capacitados a viver de maneira alinhada com esse propósito. Jesus disse: "Vinde a mim, todos os que estais cansados e oprimidos, e eu vos aliviarei." (Mateus 11:28, ARA)

Neste ponto da jornada, o convite é estendido a você. Diante das reflexões sobre a vida que tem levado e a vida que realmente deseja, considere a transformação que só Cristo pode proporcionar. Aceitar Jesus como Senhor e Salvador é permitir que Ele conduza não apenas seus passos, mas também a sua mente, moldando-a conforme o caráter redentor do Salvador.

Se você deseja experimentar uma transformação genuína, se anseia por uma mentalidade renovada que transcenda as limitações do mundo, abra o coração para Cristo. Ele é a única forma de encontrar a verdadeira esperança, alegria e significado. O convite está feito. O que me diz:

☐ Decido tornar Jesus Cristo como único Senhor e Salvador de minha vida para que Ele guie meus passos e ilumine minha mente a fim de transformá-la conforme seu caráter.

Que a transformação em Cristo seja a luz que guie seus passos na jornada que se desenha à sua frente.

CAPÍTULO 2

ROMPENDO COM O MEDO
A Coragem de Enfrentar o Desconhecido

> Pois Deus não nos deu espírito de covardia,
> mas de poder, de amor e de equilíbrio.
> 2 Timóteo 1:17 (NVI)

Bem-vindo ao segundo capítulo da nossa jornada de transformação pessoal. Ao virar a página, somos desafiados a encarar uma figura sombria que muitas vezes paira sobre o caminho da mudança: o medo. É como uma sombra que obscurece o horizonte, impedindo-nos de vislumbrar as possibilidades que aguardam além da nossa zona de conforto. Contudo, a luz que dissipa essa escuridão é a coragem, uma força intrépida que nos capacita a dar os primeiros passos em direção ao desconhecido.

Neste capítulo, vamos mergulhar fundo na natureza da coragem e explorar como ela se entrelaça com a habilidade de enfrentar o desconhecido. Ao fazê-lo, desvendaremos os mecanismos que transformam o medo de um obstáculo paralisante em um catalisador para a mudança. Prepare-se para uma jornada de autodescobrimento e superação, onde descobriremos que, muitas vezes, é na vulnerabilidade corajosa que encontramos o poder de nos transformarmos além das nossas expectativas. Vamos, juntos, desvendar os segredos da coragem e aprender a caminhar com determinação rumo ao desconhecido, onde reside a verdadeira magia da transformação pessoal.

O Medo como Barreira: Entendendo a Resistência Interna

Em nossa jornada de transformação pessoal, o medo emerge como uma poderosa emoção que, paradoxalmente, todos nós experimentamos em algum momento.

O apóstolo Paulo, em sua carta a Timóteo, nos lembra que Deus não nos concedeu um espírito de covardia, mas de poder, de amor e de equilíbrio (2 Timóteo 1:7, NVI). Este versículo ressoa como um lembrete reconfortante de que o medo, em sua essência, não é algo a ser temido, mas sim compreendido e canalizado da maneira correta.

É essencial compreender que o medo, como todas as emoções, é uma parte natural e inerente da condição humana e é uma dádiva divina. Deus, em Sua infinita sabedoria, dotou-nos com um espectro emocional completo, no qual o medo ocupa um lugar significativo assim como a alegria, o amor e a esperança.

Neste contexto, quando a alegria e a esperança florescem o medo desempenha um papel valioso em nossa experiência emocional. Ele nos alerta para perigos, desafia-nos a crescer e evoluir, e, de certa forma, é uma resposta adaptativa que nos ajudou a sobreviver como espécie e então compreendemos que tudo o que Deus faz é bom, e as emoções que Ele nos presenteia são uma parte integral do nosso propósito e crescimento.

O medo, em sua essência, é uma bússola emocional que nos alerta para perigos iminentes. Em um nível prático, é como um farol que ilumina as áreas das nossas vidas que requerem atenção e cautela. Este aspecto protetor do medo é um reflexo do cuidado de Deus por nós, uma demonstração do Seu amor que nos guia e preserva.

Ao percebermos o medo como uma emoção boa e necessária, somos capacitados a transcender a visão limitada que muitas vezes temos dele. Em vez de ser uma barreira, o medo torna-se uma chave para o crescimento pessoal. Deus nos concedeu a capacidade de sentir medo para que, ao enfrentá-lo com coragem, possamos superar desafios, descobrir nossas verdadeiras forças e avançar em direção ao propósito que Ele designou para nós.

Em meu entendimento, encontramos alegria e esperança na certeza de que Deus não nos deixou desamparados diante do medo. Ele nos dotou de Seu Espírito, que nos guia com poder, amor e equilíbrio (2 Timóteo 1:7, NVI). Cada emoção, incluindo o medo, é moldada por Sua bondade e amor, e, portanto, podemos abraçar essa faceta da nossa humanidade com confiança e otimismo.

Ao vivenciarmos o medo, abraçamos uma jornada rumo à esperança. Deus nos promete que, mesmo em meio aos momentos temerosos, Sua presença é constante, e Seu amor nos impulsiona a superar qualquer obstáculo. Assim, alegremo-nos na compreensão de que tudo o que Deus faz é bom, e o medo, quando vivido com fé, se torna um catalisador para uma transformação ainda mais profunda e significativa.

Quando o Medo se Torna Barreira para a Mudança

É determinante reconhecer que, apesar do medo ser uma emoção inerentemente boa, ele pode, paradoxalmente, tornar-se uma barreira significativa para a mudança. O medo, que deveria ser um aliado na nossa jornada, às vezes assume o papel de adversário, nos paralisando e criando obstáculos que nos impedem de avançar rumo ao desconhecido.

O medo, quando devidamente compreendido e gerenciado, pode ser um guia valioso, um alerta que nos impulsiona para a ação e nos protege de perigos reais. No entanto, quando permite que suas garras se aprofundem em nossa psique, o medo pode se transformar em uma barreira impenetrável, impedindo-nos de romper com a zona de conforto que, embora familiar, torna-se uma prisão para nosso potencial inexplorado.

É comum que, ao enfrentarmos a necessidade de mudança, o medo, ao invés de nos impulsionar para a ação, nos paralise. A incerteza do desconhecido, a insegurança perante novos desafios, tudo isso contribui para uma sensação de vulnerabilidade que o medo amplifica. Dessa forma, o que poderia ser um catalisador para a mudança transforma-se em uma âncora, prendendo-nos a um estado de estagnação.

A zona de conforto, apesar de seu nome acolhedor, pode facilmente transformar-se em um cárcere do potencial humano. O medo da mudança mantém-nos enraizados nesse espaço familiar, impedindo-nos de explorar o vasto território de oportunidades que se estende além dos limites do conhecido. Na busca pela segurança, muitas vezes nos vemos aprisionados, limitando nosso crescimento e desenvolvimento pessoal.

Enfrentar o medo como uma barreira para a mudança exige coragem e autoconsciência. Devemos reconhecer a paralisia que o medo pode instigar e desafiar a inércia que nos impede de avançar. Ao entender que o medo, apesar de sua natureza inerentemente boa, pode se tornar um obstáculo, somos capacitados a tomar medidas deliberadas para romper com essas amarras autoimpostas.

A verdadeira jornada da mudança começa quando transformamos o medo em aliado, quando usamos sua energia para impulsionar-nos em direção ao desconhecido. Ao reconhecermos que a zona de conforto é um local transitório, não uma morada permanente, desafiamos o medo a perder seu poder sobre nós. Na superação desse desafio, desbloqueamos o potencial ilimitado que aguarda além da barreira do medo, abraçando a promessa de crescimento, aprendizado e desenvolvimento pessoal que a mudança genuína oferece.

Quando permitimos que o medo dite nossas escolhas, enfrentamos prejuízos consideráveis. Ficamos prisioneiros da familiaridade, confinados a um espaço onde o crescimento é estagnado e as oportunidades são desperdiçadas. O medo nos aprisiona em uma zona de conforto que, apesar de segura, é limitadora e impede a expansão dos horizontes da nossa jornada pessoal.

É crucial compreender que a verdadeira raiz da barreira erguida pelo medo reside na resistência ao desconhecido. Muitas vezes, nos encontramos agarrados ao terreno familiar, hesitantes em atravessar a linha do conforto que delineamos para nós mesmos. Nessa hesitação, inadvertidamente nos privamos das oportunidades incríveis e das descobertas transformadoras que aguardam do outro lado da resistência.

A resistência ao desconhecido é como uma muralha que se ergue diante de nós, mantendo-nos confinados a um espaço que, embora conhecido, é limitado em suas possibilidades. Entender que essa resistência é, muitas vezes, alimentada pelo medo é o primeiro passo para romper com essa barreira. A mudança, o crescimento e a realização pessoal tornam-se possíveis quando nos permitimos enfrentar o desconhecido com coragem, desafiando as fronteiras autoimpostas que nos mantêm contidos.

Ao nos agarrarmos ao familiar, transformamos a zona de conforto de um local transitório em uma morada aparentemente permanente. No entanto, é crucial compreender que, apesar de oferecer segurança temporária, a zona de conforto não é o local onde o verdadeiro crescimento e transformação ocorrem. Ela se torna uma prisão autoimposta que, ao invés de proteger, limita o potencial de expansão da nossa jornada pessoal.

A verdadeira magia da vida está além da resistência ao

desconhecido. Quando decidimos enfrentar o medo que nos impede de cruzar a linha do conforto, nos deparamos com oportunidades incríveis e experiências enriquecedoras. A mudança torna-se não apenas inevitável, mas desejada, pois percebemos que é no desconhecido que encontramos as sementes do crescimento, da renovação e da realização pessoal.

Ao escolhermos a coragem como guia, transformamos o desconhecido de um temor para um aliado. A resistência cede espaço à exploração, e as oportunidades que antes estavam ocultas surgem diante de nós. Na jornada de desbravar o desconhecido, descobrimos que é na coragem de enfrentar o novo que florescem os verdadeiros frutos da transformação. É assim que a resistência se desfaz, dando lugar a um vasto terreno de possibilidades e um horizonte ampliado de autodescoberta.

Portanto, ao explorarmos o medo como uma barreira, recordemos que o mesmo sentimento que nos alerta para perigos também pode ser o mesmo que nos impede de explorar as riquezas que aguardam além da nossa zona de conforto. Nossa jornada de transformação requer a coragem de enfrentar o desconhecido, sabendo que, por trás do véu do medo, residem as oportunidades que moldarão nosso destino de maneiras extraordinárias.

A Coragem como Antídoto: Desafiando o Status Quo

A coragem é o antídoto para o veneno do medo que muitas vezes ameaça paralisar nossos passos. A passagem de Josué 1:9 ressoa como um chamado à ação, uma lembrança de que a coragem é não apenas uma qualidade desejável, mas também uma força vital que nos acompanha, impelindo-nos a desafiar o status quo e a avançar rumo ao desconhecido.

A verdadeira coragem não é a ausência de medo, mas a capacidade de avançar apesar dele. Essa frase define o espírito da coragem que precisamos cultivar em nossa jornada. Coragem não é sinônimo de destemor absoluto; é, em vez disso, a disposição de confrontar o medo, de olhar para além das fronteiras do conhecido e desafiar as limitações que impomos a nós mesmos.

O versículo de Josué 1:9 ecoa como um chamado ressonante em nossos corações: "Sê forte e corajoso; não temas, nem te espantes, porque o Senhor, teu Deus, é contigo por onde quer que andares." Essas palavras não são apenas uma promessa de presença divina, mas também um lembrete de que a coragem é uma qualidade intrínseca que podemos acessar, sabendo que não estamos sozinhos em nossa jornada.

Desafiar o status quo requer uma coragem audaciosa. É questionar as narrativas que nos contamos sobre nossas próprias limitações e abrir nossos corações para o desconhecido com uma convicção profunda de que a mudança é não apenas possível, mas essencial para o crescimento pessoal.

A coragem não elimina o medo, mas nos dá a força necessária para avançar apesar dele. É reconhecer a presença do medo, aceitá-lo como parte da jornada, e mesmo assim, seguir adiante com determinação. Ao desafiar o estado estabelecido, não apenas abraçamos a oportunidade de crescimento, mas também modelamos para nós mesmos e para aqueles ao nosso redor a verdadeira natureza da coragem.

A coragem nos leva além dos limites autoimpostos, ampliando nosso horizonte para o desconhecido. Ao desafiar nos desafiar, abrimos portas para oportunidades que estavam à espera do nosso toque audacioso. É nesse espaço de coragem que encontramos o terreno fértil para a transformação, onde cada passo audacioso é um testemunho vivo de que, com coragem, podemos romper com as correntes do medo e abraçar o potencial ilimitado que se estende diante de nós.

A Origem da Coragem: Fundamentada na Fé

A coragem verdadeira encontra suas raízes mais profundas na fé. O versículo inspirador de Mateus 17:20 nos lembra: "...Eu lhes asseguro que se vocês tiverem fé do tamanho de um grão de mostarda, poderão dizer a este monte: 'Vá daqui para lá', e ele irá. Nada lhes será impossível."

Precisamos entender que a fé em Deus não apenas fundamenta nossa coragem, mas também nos capacita a enfrentar o desconhecido com esperança e determinação.

A fé, mesmo que tão pequena quanto um grão de mostarda, é uma força poderosa. Ela não apenas move montanhas, mas também transforma o desconhecido de um território temível em uma terra de possibilidades. Ao fundar nossa coragem na fé, encontramos a segurança de que, não importa quão íngreme seja o caminho à frente, Deus nos capacita a superar os obstáculos.

A coragem que emana da fé encontra sua expressão mais profunda na confiança em Jesus Cristo. Em cada passo que damos rumo ao desconhecido, sabemos que Ele caminha ao nosso lado. A fé é a âncora que nos conecta à Sua orientação infalível, permitindo-nos avançar com esperança e determinação, mesmo quando a jornada parece obscura.

A incerteza do desconhecido pode ser intimidadora, mas a fé em Deus nos assegura que mesmo quando não vemos claramente o caminho à frente, Sua mão guia nossos passos. Essa confiança nos dá a coragem necessária para enfrentar o futuro com esperança, sabendo que estamos nas mãos de um Deus que é fiel em todas as circunstâncias.

A fé é o farol que ilumina nosso caminho na busca pela transformação pessoal. Ela nos capacita a desafiar o status quo, a enfrentar o medo com coragem e a abraçar o desconhecido com esperança. Ao ancorarmos nossa coragem na certeza de que Deus está conosco, encontramos uma fonte inesgotável de motivação para a ação, mesmo quando os desafios parecem insuperáveis.

Tenha a convicção de que a fé é o motor da transformação pessoal. Enquanto exploramos o desconhecido, nossa coragem é sustentada pela crença de que Deus nos capacita a superar, crescer e florescer. Este é um convite à esperança, uma lembrança de que a fé não apenas fundamenta nossa coragem, mas também nos impulsiona em direção a uma jornada de transformação repleta de possibilidades.

A Jornada de Romper com o Medo: Pequenos Passos Corajosos

O Salmo 23:1-3 (NVI) nos envolve com a promessa reconfortante: "O Senhor é o meu pastor; de nada terei falta. Ele me faz repousar em pastos verdejantes. Leva-me para junto das águas de descanso; refrigera-me a alma. Guia-me nas veredas da justiça por amor do seu nome." Contudo é importante lembrar que romper com o medo não é uma jornada única e grandiosa, mas sim uma série de pequenos passos corajosos em direção ao desconhecido.

Passo 1: Confiança nas Promessas Divinas

o primeiro e fundamental passo é construir uma confiança sólida nas promessas divinas. Assim como as ovelhas confiam plenamente em seu pastor, acreditando que nada lhes faltará, você também é convidado a depositar sua confiança em Deus, o Pastor amoroso que nos guia com cuidado e compaixão.

Confiança começa com a aceitação profunda da promessa divina de que não nos falta nada. Em meio aos desafios e incertezas da vida, Deus nos assegura que Sua suficiência é a nossa segurança. Ele é o Pastor que nos conduz a pastos verdejantes, abundantes em recursos para cada necessidade. Essa promessa é alicerçada na verdade de que, com Deus ao nosso lado, somos equipados para enfrentar qualquer desafio.

Ao confiar nas promessas divinas, encontramos a coragem para descansar. Nos pastos verdejantes da providência divina, podemos repousar sabendo que estamos sob o olhar atento do nosso Pastor celestial. É nesse descanso que encontramos não apenas tranquilidade para o presente, mas também a força necessária para os desafios futuros. A confiança nas promessas de Deus é a base sobre a qual construímos a nossa coragem.

A confiança nas promessas divinas também implica a aceitação da orientação amorosa do nosso Pastor celestial. Assim como um pastor guia suas ovelhas nas veredas da justiça, Deus nos conduz em nossa jornada. Essas veredas podem ser desconhecidas e desafiadoras, mas a promessa divina é clara: o Pastor nos guia por amor, assegurando que, ao confiarmos nEle, estamos nos movendo em direção à plenitude e ao propósito.

Neste primeiro passo, entendemos que a confiança nas promessas divinas é uma fonte inesgotável de coragem. Quando aceitamos a garantia de que nada nos faltará, experimentamos um fortalecimento interior que nos impulsiona a avançar. É alicerçado nessa confiança que começamos a romper as correntes do medo, percebendo que, com Deus à frente, cada passo é sustentado por Sua fidelidade e amor incondicional.

O Passo 1 é o ponto de partida, a fundação sólida de uma jornada corajosa. Ao confiarmos nas promessas divinas, abrimos caminho para uma transformação profunda. Esta jornada não é apenas sobre superar o medo, mas sobre crescer em confiança, descansando na certeza de que somos guiados por um Pastor cujo amor e cuidado nos acompanharão em cada etapa da jornada rumo à plenitude e propósito.

Passo 2: Refrescar a Alma nas Águas do Desconhecido

O segundo passo é como um convite ousado e revitalizante: ousar refrescar a alma nas águas do desconhecido. Entendo que o medo muitas vezes atua como uma barreira, impedindo-nos de mergulhar plenamente na jornada transformadora que se desenha à nossa frente. Contudo, ao confiarmos no nosso Pastor divino, encontramos a coragem necessária para nos aventurarmos além das águas conhecidas, permitindo que o refrigério do novo nos renove por dentro.

Ao nos depararmos com a vastidão das águas desconhecidas, o medo pode tentar nos manter à margem, sussurrando dúvidas e incertezas. Contudo, lembre-se, você não está sozinho nesta jornada. Nosso Pastor divino está com você, guiando com amor e cuidado. No ato corajoso de confrontar o medo à beira das águas, você inicia uma experiência transformadora.

Refrescar a alma nas águas do desconhecido requer coragem, uma coragem que nasce da confiança em Deus. É a consciência de que cada onda desconhecida carrega consigo a promessa de novas experiências, aprendizados e crescimento. Não permita que o medo o aprisione à margem; em vez disso, deixe que a coragem, inspirada pela confiança no nosso Pastor, o impulsione a se aventurar além do conhecido.

Nas águas do desconhecido, você encontrará o refrigério renovador do novo. Cada mergulho é uma oportunidade para renovar a alma, para permitir que as águas transformadoras lavem preocupações antigas e dúvidas persistentes. Deixe-se envolver pela sensação de liberdade que vem ao se aventurar no desconhecido, sabendo que, mesmo nas águas profundas, você é guiado e protegido.

Ao ousar mergulhar nas águas do desconhecido, você não apenas enfrenta o medo, mas também se abre para uma jornada de aventura e renovação. Cada experiência, mesmo que inicialmente desconcertante, é uma oportunidade para crescer, aprender e se transformar. Confie no Senhor, que conhece as profundezas das águas que você enfrenta, e permita que a coragem guie cada passo na direção de uma alma refrescada e renovada.

Lembre-se de que você está no comando da sua jornada de transformação. Ao refrescar a alma nas águas do desconhecido, você não apenas desafia o medo, mas abre espaço para um renovo profundo. Confie no seu Senhor de todo o seu coração, mergulhe nas águas desconhecidas da vida tendo em mente que Deus sempre cumpre o que Ele promete e Ele estará com você e te dará uma alma renovada e pronta para abraçar a verdadeira plenitude da vida. Continue, corajosamente, a sua jornada.

Passo 3: Caminhar nas Veredas da Justiça com Fé

Chegamos ao terceiro passo crucial, uma etapa transformadora na jornada de romper com o medo: caminhar nas veredas da justiça com fé. Aqui, reconhecemos que cada passo corajoso em direção ao desconhecido é mais do que uma simples movimentação física; é uma expressão profunda de fé em Deus. No entanto, a peculiaridade deste passo reside no alicerce firme nas veredas da justiça, nos princípios e valores que a Bíblia nos apresenta. Esta é a vitória sobre o medo, pois confiamos na orientação divina que nos impulsiona para um território onde a coragem supera a inércia do temor.

A fé não é apenas uma crença abstrata; é uma força motriz que se manifesta em ações concretas. Caminhar nas veredas da justiça é permitir que a fé se traduza em comportamentos e escolhas alinhados aos princípios divinos. Cada passo nesse caminho é uma afirmação de confiança, uma demonstração de que a verdadeira coragem está enraizada na prática da justiça.

As veredas da justiça são delineadas pelos princípios eternos encontrados na Bíblia. É nas Escrituras Sagradas que encontramos a bússola para orientar nossos passos. Cada decisão fundamentada nessas veredas é uma resposta à pergunta constante: "Como posso agir justamente diante do desconhecido?" O alicerce nas verdades bíblicas não apenas nos guia, mas também nos protege contra os desvios que o medo poderia causar.

A caminhada é um ato corajoso que supera a inércia do temor. Em vez de permitir que o medo paralise nossos passos, confiamos que a justiça divina é uma luz que brilha no caminho desconhecido. Cada pequeno avanço, apoiado na fé e nos princípios bíblicos, é um testemunho de que a coragem não apenas nos leva além do medo, mas também nos coloca no centro da vontade de Deus.

Este passo não é apenas uma jornada; é uma vitória sobre o medo. É a declaração corajosa de que, mesmo em meio ao desconhecido, escolhemos seguir os caminhos da justiça, confiando que cada passo é guiado por uma mão divina. A fé, quando manifestada em ações justas, torna-se a lanterna que dissipa as sombras do medo.

Ao concluir o terceiro passo, você está imerso não apenas em uma jornada de transformação, mas em uma jornada na qual a coragem e a fé se entrelaçam. Caminhar nas veredas da justiça com fé é transcender o medo e abraçar a orientação divina. Lembre-se, cada passo é uma vitória, e a jornada na justiça com fé é o caminho para uma vida plena e transformada. Avance, confiante de que a coragem e a fé são as chaves que abrirão as portas do desconhecido para um propósito divinamente traçado.

A Coragem como Catalisadora da Transformação

Ao encerrar este capítulo, a mensagem é clara: a coragem é a catalisadora da transformação. É a chave que destranca as portas do desconhecido, permitindo-nos explorar terras inexploradas e abraçar novas possibilidades. Ao enfrentarmos o medo com coragem, iniciamos uma jornada que, guiada pela fé, nos conduzirá além das fronteiras da familiaridade para um terreno fértil de crescimento, descobertas e realização. A coragem não é apenas a ausência de medo, mas a decisão de seguir adiante apesar dele, e é nesse movimento corajoso que encontramos a verdadeira transformação.

Lembre-se, cada passo, por menor que seja, representa uma vitória sobre o medo. Romper com o medo não é uma jornada de uma única façanha grandiosa, mas sim uma série de pequenos atos corajosos que, juntos, moldam a jornada de uma mente renovada. Essa mente encontra na coragem a força para desbravar terras inexploradas, transformando o medo em um trampolim para uma vida mais plena e significativa. Assim, celebramos não apenas o destino final, mas cada passo corajoso que nos aproxima da verdadeira.

CAPÍTULO 3

EXISTE UM PROPÓSITO
Acreditar Antes de Ver

Para todas as realizações há um momento certo; existe sempre um tempo apropriado para todo o propósito debaixo do céu.
Eclesiastes 3.1 - KJA

Qual é o Propósito? Essa é uma pergunta que sempre faço, independente do assunto, e não poderia ser diferente aqui.

A busca pelo propósito é uma constante em nossas vidas, e Salomão, no livro de Eclesiastes 3:1, nos lembra que para todas as realizações há um momento certo, um tempo apropriado. Essa verdade bíblica ressoa em cada aspecto de nossa jornada, influenciando nossas decisões e moldando nosso destino.

Diante das encruzilhadas da vida, somos desafiados a escolher entre crescer ou permanecer estagnados. Cada capítulo de nossa narrativa pessoal é uma página que escrevemos, e somos os protagonistas, responsáveis pelo rumo de nossa história. Não adianta apontar dedos para terceiros; o impacto de nossas escolhas é diretamente proporcional à nossa responsabilidade na jornada da vida.

Conhecer seus objetivos é como decifrar as entrelinhas do propósito. É a compreensão do porquê que impulsiona a persistência diária. Cada passo em direção aos seus objetivos é uma sincronia com o tempo apropriado para cada propósito debaixo do céu.

Como a vida é uma jornada em constante evolução, às vezes precisamos esperar pelo momento certo, confiando que cada ação e decisão têm seu próprio tempo designado. Saber que há um tempo para cada propósito é reconhecer a importância da paciência, da reflexão e da confiança no plano divino.

O versículo de Eclesiastes nos ensina não apenas sobre a importância de definir objetivos, mas também sobre a sabedoria de reconhecer o momento certo para realizá-los. Cada capítulo, cada página, tem seu tempo próprio para se desdobrar na grande narrativa de nossas vidas.

Portanto, enquanto buscamos nosso propósito, mantenhamos a fé no tempo divino, confiantes de que, para todas as realizações, há um momento certo debaixo do céu. Que cada decisão e ação se alinhem com o compasso divino, transformando a busca pelo propósito em uma dança harmoniosa com o tempo.

Desistir: Uma Jornada de Redefinição e Propósito

Desistir pode ter sido uma página de sua história, marcada por questionamentos sobre sonhos não perseguidos, relacionamentos não insistidos, ou metas acadêmicas não concluídas. No entanto, é fundamental compreender que cada experiência, seja ela aparentemente positiva ou negativa, carrega consigo um propósito intrínseco. Todas essas vivências contribuem para o seu crescimento, maturidade e, acima de tudo, capacitam-no a auxiliar outros em seus próprios processos de desenvolvimento.

A decisão de desistir, muitas vezes, é mais do que uma simples alteração de trajetória; é uma renúncia voluntária a um intento, um ato que vai além da mudança de rota e estratégia. Envolve a abstenção motivada por crenças limitadoras, ansiedades e medos que, de alguma forma, obscurecem a continuidade e a conquista. Este ato de desistir é como fechar um capítulo prematuramente, deixando as páginas do potencial futuro por escrever.

É nesse momento de reflexão que a profundidade da crença de que tudo tem um tempo determinado e um propósito específico, conforme expresso em Eclesiastes 3:1, se torna um farol. Essa perspectiva ilumina o caminho, oferecendo uma nova visão sobre as experiências vividas. Cada vivência, mesmo aquelas inicialmente consideradas como perdas momentâneas, revela-se como uma fonte valiosa de aprendizado. Esses momentos desafiadores moldam as decisões futuras e, de alguma maneira, atuam como guias, aproximando-nos do propósito intrínseco à nossa existência.

Assim, redefinir a perspectiva em relação à desistência é reconhecer que cada capítulo fechado traz consigo lições preciosas, moldando a jornada em direção a um propósito de vida mais autêntico e significativo. É entender que, mesmo em meio às dificuldades e aparentes derrotas, o tempo e o propósito divino continuam a tecer uma narrativa única, onde cada escolha contribui para a construção de um destino mais rico em realizações.

A jornada para enxergar oportunidades no meio dos escombros da batalha é um chamado para definir seu próprio futuro. É o momento de abrir os olhos para o mundo de possibilidades ocultas, que guiarão você em direção ao lugar que deseja ocupar. Chegou a hora de rejeitar a aleatoriedade que dita sua vida e, em vez disso, abraçar a noção de propósito, compreendendo os objetivos e os porquês que norteiam cada aspecto de sua existência. Afinal, em tudo, há um porquê, e é esse entendimento que capacitará você a trilhar um caminho repleto de significado e realizações.

Descobrindo o Propósito que Transcende o Entendimento Humano

Num determinado momento da minha jornada, eu me via perdido em meio a tantos "porquês". Perguntava-me incessantemente sobre o propósito de tantas indagações sem encontrar respostas claras. Contudo, esse ciclo de questionamentos marcou o início de uma fase de decisões impactantes, capazes de trazer os resultados esperados para a minha vida.

O ato de questionar os motivos antes de agir é uma ferramenta poderosa. Entender o "PARA QUÊ?", o "POR QUÊ?" e o "PARA QUEM?" não apenas molda a visão de sucesso, mas também redefine a jornada pessoal. É o ponto de partida para perceber que não estamos aqui por acaso; cada um de nós tem um propósito especial. Mesmo que a convicção divina seja desafiadora para alguns, acredito com firmeza que Deus nos criou com um propósito único e específico.

É chegada a hora de começar a se questionar antes de cada ação, antes mesmo de iniciar uma jornada. Saber "PARA QUÊ?", "POR QUÊ?" e "PARA QUEM?" transformará a maneira como enxergamos o desfecho dessa jornada. Essas perguntas aparentemente simples desempenham um papel fundamental em nos lembrar do objetivo e em definir o propósito subjacente a cada passo que damos.

Lembre-se, você não está aqui por acaso. Há um propósito especial para a sua existência.

Às vezes, a consciência de que não estamos aqui por acaso pode parecer um eco distante em meio ao tumulto da vida diária. Essa convicção de que há um propósito especial para a sua existência, muitas vezes, permanece oculta sob as demandas do cotidiano. A sensação de distância em relação a essa verdade fundamental pode ser um sintoma de um desconhecimento mais profundo, uma falta de clareza sobre a singularidade que cada um de nós carrega.

O desconhecimento do propósito exclusivo que Deus reservou para você pode resultar em uma busca incessante por metas e realizações que, embora possam trazer satisfação temporária, talvez não estejam alinhadas com o destino que foi cuidadosamente preparado para você. Essa busca pode se tornar uma jornada desgastante, cheia de conquistas vazias e frustrações, pois as verdadeiras realizações estão intrinsecamente ligadas ao propósito divino.

Permitir-se descobrir é mais do que uma mera concessão ao acaso; é uma decisão consciente de abrir os olhos para a verdade mais profunda que reside em seu ser. É encarar a busca pelo propósito como um processo dinâmico, uma jornada de autodescoberta que transcende os limites do entendimento humano.

Questionar é o primeiro passo para desvendar os mistérios do propósito. É como lançar uma luz sobre as sombras do desconhecido. Em meio a essa busca, é essencial não apenas procurar respostas, mas também permitir-se ser guiado. É deixar-se ser conduzido pelo propósito divino que, muitas vezes, transcende nossa compreensão lógica.

Nessa jornada de descoberta, o entendimento humano pode ser limitado, mas a orientação divina é ilimitada. Portanto, permita-se ser guiado por algo maior do que sua compreensão individual. Esteja aberto à direção divina, confiante de que cada passo dado em direção ao propósito é uma resposta à convocação de um destino mais elevado, que só pode ser plenamente compreendido quando se permite transcender os limites do entendimento humano.

Autoconhecimento como pilar para a descoberta do propósito

Descobrir seu propósito de vida é uma jornada fascinante que começa pelo autoconhecimento. Conhecer a si mesmo é o alicerce para desvendar os mistérios do propósito pessoal. Um exercício revelador nesse processo é listar seus pontos fortes e áreas de melhoria. Cada qualidade e fraqueza atuam como peças de um quebra-cabeça, contribuindo para a compreensão única de quem você é.

Os pontos fortes representam os talentos naturais, as habilidades desenvolvidas e as características que o destacam. Identificar essas virtudes é crucial, pois são elas que você pode potencializar para alcançar seus objetivos. Ao conhecer e valorizar seus pontos fortes, você constrói uma base sólida para moldar sua jornada em direção ao propósito.

Da mesma forma, as áreas de melhoria não devem ser encaradas como obstáculos, mas como oportunidades de crescimento. Cada fraqueza é uma área que pode ser trabalhada e transformada em uma força quando compreendida e utilizada corretamente. A autorreflexão honesta sobre esses pontos revela um caminho para o autodesenvolvimento contínuo.

Um método eficaz para entender melhor seu comportamento e características pessoais é explorar os perfis comportamentais, como os propostos pela teoria DISC, uma ferramenta valiosa para a compreensão dos perfis comportamentais, desenvolvida por William Moulton Marston, um psicólogo americano renomado, no início do século XX. Marston publicou sua obra "As Emoções das Pessoas Normais" em 1928, apresentando as bases para o que se tornaria a teoria DISC.

A aceitabilidade e a relevância da teoria DISC são amplamente reconhecidas nos campos da psicologia, recursos humanos, coaching e desenvolvimento pessoal. Sua aplicação estende-se a diversos contextos, desde ambientes corporativos até relações interpessoais. A simplicidade e eficácia da teoria contribuíram para sua disseminação global e adoção por profissionais e organizações em busca de compreensão aprofundada do comportamento humano.

Os quatro perfis principais da teoria DISC oferecem uma estrutura compreensível para analisar e interpretar padrões de comportamento. Ao identificar características dominantes em uma pessoa, como a orientação para a ação (Dominância - D) ou a ênfase nas relações interpessoais (Influência - I), a teoria DISC proporciona insights valiosos sobre como indivíduos interagem consigo mesmos, com os outros e com desafios.

Compreender o próprio perfil DISC não apenas fornece clareza sobre preferências naturais, mas também destaca áreas para crescimento e desenvolvimento pessoal. Ao integrar a autopercepção com os insights do DISC, as pessoas podem fazer escolhas mais informadas e alinhadas com seus valores e objetivos, impulsionando-as em direção a uma jornada mais significativa e alinhada com seu propósito de vida.

Essa teoria classifica as pessoas em quatro perfis principais: Dominância (D), Influência (I), Estabilidade (S) e Conformidade (C). Cada perfil oferece insights valiosos sobre suas preferências, estilos de comunicação, e maneiras de abordar desafios.

- **Dominância (D):** Pessoas orientadas para ação, focadas em resultados e desafios.

- **Influência (I):** Indivíduos sociais, comunicativos e que valorizam relacionamentos interpessoais.

- **Estabilidade (S):** Aqueles que priorizam a estabilidade, são pacientes, confiáveis e colaborativos.

- **Conformidade (C):** Pessoas analíticas, detalhistas, que buscam precisão e conformidade com normas.

Ao compreender seu perfil DISC, você ganha clareza sobre suas preferências naturais, como interage com o ambiente ao seu redor e como pode potencializar suas características em busca do propósito de vida. Conhecer a si mesmo, combinando a autopercepção com ferramentas como o DISC, é um passo essencial para fazer escolhas alinhadas com quem você é, contribuindo para uma jornada mais significativa em direção ao seu propósito.

Caso tenha interesse em descobrir seu perfil comportamental, acesse o site https://cisassessment.com.br/degustacao/coachaltmann e faça sua degustação gratuita. Após receber o resultado da degustação, você pode optar por ter acesso a um relatório completo com mais de 80 tipos de informações sobre a sua personalidade e mais de 40 páginas sobre como você lida com as pessoas e as influencia, seus pontos fortes e a desenvolver, seus principais valores humanos e muito mais.

Mas para te ajudar a perceber seus pontos fortes e pontos de melhoria aqui, trouxe uma lista abaixo contendo quinze pontos para cada. O objetivo aqui não é fazer algo superficial e rápido. É necessário que você realmente olhe para seu interior e descubra quem você é, identificando esses pontos, pois isso o ajudará a seguir adiante.

PONTOS FORTES:
- ☐ Comunicação eficaz em público.
- ☐ Habilidade avançada em cálculos matemáticos.
- ☐ Experiência destacada como cozinheiro(a).
- ☐ Excelente planejamento de roteiros de viagens.
- ☐ Forte empatia e habilidades interpessoais.
- ☐ Organização excepcional em ambientes de trabalho.
- ☐ Criatividade notável na resolução de problemas.
- ☐ Rápido aprendizado de novas tecnologias.
- ☐ Habilidade em liderar e motivar equipes.
- ☐ Excelente escrita e expressão verbal.
- ☐ Capacidade de manter a calma sob pressão.
- ☐ Visão estratégica em projetos complexos.
- ☐ Iniciativa proativa na identificação de oportunidades.
- ☐ Senso aguçado de responsabilidade.
- ☐ Flexibilidade para se adaptar a mudanças.

Vamos lá. Antes de seguir adiante, você deve preencher seus pontos fortes. Caso não tenha encontrado um ponto forte que você identifica, escreva-o aqui.

_____
_____
_____
_____

Agora que você completou a lista de pontos fortes, vamos aos pontos de melhoria.

PONTOS DE MELHORIA:

- ☐ Melhorar a gestão do tempo.
- ☐ Aperfeiçoar habilidades de delegação.
- ☐ Desenvolver mais paciência em situações desafiadoras.
- ☐ Aprimorar a capacidade de lidar com críticas construtivas.
- ☐ Fortalecer a resiliência em face de obstáculos.
- ☐ Melhorar a expressão criativa em projetos.
- ☐ Aprender a dizer "não" quando necessário.
- ☐ Aprimorar habilidades de negociação.
- ☐ Trabalhar na gestão do estresse.
- ☐ Desenvolver mais consistência na realização de metas.
- ☐ Aperfeiçoar habilidades de trabalho em equipe.
- ☐ Melhorar a assertividade na comunicação.
- ☐ Adquirir mais confiança na tomada de decisões.
- ☐ Aprimorar a atenção aos detalhes.
- ☐ Desenvolver mais habilidades técnicas específicas.

Preencher a lista de pontos de melhoria certamente pode ser uma tarefa que gera mais reflexão e autocrítica. Somos muitas vezes rápidos em identificar as áreas em que sentimos fraqueza, hesitantes em reconhecer nossas próprias fortalezas. No entanto, é crucial compreender que a verdadeira jornada de autodescoberta envolve abraçar tanto os aspectos positivos quanto os desafios que carregamos.

As fraquezas, longe de serem obstáculos intransponíveis, são oportunidades de crescimento e transformação. No processo de transformar fraquezas em fortalezas, podemos aprender a lidar com nossos medos e inseguranças, transformando-os em impulsionadores para o sucesso. Identificar pontos fortes e de melhoria é, portanto, um primeiro passo fundamental na busca do propósito de vida.

Ao realizar o exercício de identificar suas qualidades e áreas de melhoria, você não apenas se autoanalisou, mas também começou a desvendar as peças do quebra-cabeça que compõem sua identidade. Essa análise, mesmo que inicialmente limitada a quinze itens, serve como um ponto de partida. O processo de autoconhecimento é contínuo e pode ser expandido à medida que você se aprofunda nessa jornada.

Ao olhar para seus pontos de melhoria, é possível que você se depare com crenças limitadoras, como a timidez ou o medo de se expor. Essas crenças, embora possam parecer barreiras intransponíveis, são, na realidade, desafios a serem superados. O propósito reside não apenas em identificar essas limitações, mas também em reconhecer que, com determinação e esforço, é possível transformar essas limitações em oportunidades de crescimento e realização.

Independentemente de como você se encontra neste momento, é crucial lembrar que tudo na vida tem um propósito. Cada desafio, cada vitória, cada encontro e despedida são partes de um plano maior que ultrapassa nossa compreensão imediata. A percepção de que nada acontece por acaso é uma âncora em meio às incertezas da vida, proporcionando a confiança de que há um propósito que orienta cada passo.

Este livro, que chegou até você, pode ser um elemento catalisador nessa jornada de autodescoberta e busca de propósito. Ao continuar explorando os recantos de quem você é, desafiando crenças limitadoras e abraçando as oportunidades de crescimento, você está trilhando um caminho significativo em direção ao entendimento mais profundo de seu propósito de vida.

A Vida como uma Escola da qual todos somos alunos

A vida se revela como uma vasta escola, e todos nós assumimos o papel de alunos nesse grande campus chamado existência. Sob a ótica do aprendizado profundo e prático, a perspectiva da jornada muda, e começamos a compreender que cada experiência desempenha um papel fundamental no nosso desenvolvimento. Mais significativo ainda, percebemos que Deus está cuidando de cada detalhe dessa complexa escola da vida.

A analogia da vida como uma escola é rica em significados. Alguns de nós se empenham em desvendar os princípios e lições intrínsecas, enquanto outros, por vezes, escolhem ignorar ou negligenciar o potencial educacional que se apresenta diariamente. Ao abraçarmos a visão de que a vida é uma oportunidade constante de aprendizado, passamos a apreciar a riqueza das experiências que ela nos proporciona.

Cada acontecimento, seja ele aparentemente simples ou extraordinário, é uma aula em potencial. Alguns eventos nos são designados para nos ensinar algo novo, expandir nossos horizontes e desafiar nossas capacidades. Outros surgem como desafios necessários para fortalecer nosso caráter, promovendo crescimento e amadurecimento. Afinal, a escola da vida não é apenas para nosso benefício pessoal, mas também para que possamos contribuir positivamente para a jornada de outros.

É crucial entender que não estamos vivendo apenas para nós mesmos. A interconexão entre as pessoas na sociedade destaca a importância de viver de maneira significativa para si e para os outros. Não se trata de buscar agradar a todos, mas sim de reconhecer que nossas ações, aprendizados e experiências têm um impacto naqueles que nos cercam. Somos peças interligadas em um complexo quebra-cabeça, cada uma desempenhando um papel único e contribuindo para o quadro geral.

Cada ensinamento, cada desafio, é colocado em nossa trajetória com intencionalidade. A caixa do saber, que é a nossa mente e coração, é preenchida com propósitos específicos. A escolha de absorver, aplicar ou ignorar esses ensinamentos fica a cargo de cada um de nós. Todo conhecimento, por mais aparentemente simples ou complexo, possui seu valor e pode ser aplicado em determinados momentos e lugares.

Assim, ao compreendermos que a vida é uma escola com a supervisão divina, ganhamos a sabedoria para reconhecer o propósito em cada lição. Não apenas para o nosso benefício individual, mas também para que, através do nosso aprendizado, possamos influenciar positivamente aqueles que compartilham conosco essa jornada educacional chamada vida.

Cada fragmento de conhecimento é um tesouro, uma peça essencial no intricado quebra-cabeça da vida. À medida que avançamos em nossa jornada, torna-se evidente que nenhum aprendizado é em vão, cada parcela de sabedoria tem um propósito, especialmente no que diz respeito a auxiliar e impactar positivamente a vida de outras pessoas. Essa é uma expressão tangível da sabedoria divina, pois Deus, em Sua criação, estabeleceu uma diversidade notável entre os indivíduos, com características distintas que se complementam.

A crença de que nenhum conhecimento é desperdiçado é profundamente enraizada na compreensão de que cada experiência, cada lição, contribui para a construção de um alicerce sólido de entendimento e compaixão. À medida que absorvemos conhecimentos diversos, tornamo-nos mais capacitados não apenas para lidar com os desafios pessoais, mas também para servir como fonte de orientação e apoio para os outros.

A diversidade é uma expressão visível da sabedoria divina. Deus criou cada pessoa com habilidades, talentos e perspectivas únicas, formando um mosaico de individualidades que se interconectam para criar uma sociedade rica e multifacetada. A complementaridade entre as pessoas é uma demonstração do cuidado divino, evidenciando que, ao unir indivíduos distintos, Deus proporcionou uma rede de apoio e contribuição mútua.

Essa visão ressalta a interdependência entre os seres humanos, incentivando-nos a reconhecer que, ao compartilharmos nossos conhecimentos e experiências, estamos contribuindo para um ciclo contínuo de aprendizado e crescimento coletivo. Cada pessoa, com sua bagagem única de conhecimento, tem um papel valioso a desempenhar na grande escola da vida, onde a missão de ajudar e contribuir uns para com os outros é fundamental para a realização plena do propósito divino.

Por que Você Está Aqui?

A razão pela qual você está aqui neste momento é repleta de propósito. Este livro tem como missão transformar o medo em conquista, desafiando aquelas crenças que, por vezes, nos limitam. É uma jornada que visa mostrar que você não está destinado ao fracasso, mas sim à vitória, e suas escolhas serão o molde do seu futuro.

Por que você está aqui agora, lendo estas palavras? Qual é a sua motivação? Quais são os propósitos que impulsionam sua jornada? Pode ser que, por ora, essas perguntas não tenham respostas claras. Talvez você esteja diante de uma decisão que ainda não teve coragem de tomar, ou talvez seja necessário reconhecer a própria valia e singularidade.

Enquanto compartilho estas palavras como autor, é essencial reconhecer que minha compreensão sobre você, caro leitor, é limitada. Não conheço os detalhes específicos de sua jornada, as lutas que enfrentou, as alegrias que experimentou, ou as interações que moldaram quem você é hoje. No entanto, mesmo diante dessa limitação humana, há uma verdade inabalável: Deus conhece todos os detalhes da sua vida.

Essa verdade é enraizada na convicção de que fomos criados com um propósito divino, como declarado em Isaías 43.21: "o povo que formei para mim mesmo proclamará o meu louvor." Deus nos criou para glorificá-Lo, para refletir Sua glória no mundo. Somos como vasos moldados por Suas mãos, destinados a manifestar Sua grandeza e bondade.

Nesse contexto, a vida se torna uma jornada de descoberta desse propósito único que Deus reservou para cada indivíduo. Cada experiência, cada escolha, é uma oportunidade de embarcar nessa jornada, tomando decisões que não apenas moldarão nossa própria trajetória, mas que também contribuirão para a proclamação da glória de Deus.

O convite divino para essa jornada não é apenas um chamado genérico. É um convite personalizado, pois o propósito que Deus tem para você é singular. Ele conhece cada detalhe do plano que Ele mesmo traçou para sua vida. Esse propósito vai além do sucesso mundano ou de uma vida confortável; é a vitória que Ele deseja para você.

Assim, ao aceitar esse convite, você está se comprometendo a uma jornada de autodescoberta, confiança e fé. É um convite para tomar decisões conscientes, alinhadas com os princípios divinos, que não apenas moldarão sua vida, mas também a conduzirão em direção ao cumprimento desse propósito especial.

Além disso, a própria Palavra de Deus nos revela que fomos criados para ter uma vida plena e abundante. Em João 10:10, Jesus nos diz: "Eu vim para que tenham vida e a tenham em abundância." Essa promessa ressalta que o propósito divino para nós vai além da mera existência; é uma vida cheia de significado, realização e contentamento.

Deus conhece você desde o ventre materno, como mencionado em Jeremias 1:5: "Antes de formá-lo no ventre, eu o escolhi; antes de você nascer, eu o separei e o designei profeta às nações." Essa intimidade divina desde o início da sua existência reforça a ideia de que o propósito que Ele tem para você é único, personalizado e conhecido por Ele desde o princípio.

Portanto, o fato de você estar aqui, dedicando tempo à leitura deste livro, não é acidental. Há um propósito que vai além do simples acaso: transformar o medo de não conquistar em efetivas vitórias. Desafiamos a nós mesmos a superar barreiras, principalmente as emocionais, muitas vezes fundamentadas em crenças limitadoras.

É crucial internalizar a convicção de que você não foi apenas criado para existir, mas sim para vencer. Deus, em Sua sabedoria, moldou você para experimentar uma vida plena e abundante. No entanto, a beleza dessa jornada está intrinsecamente vinculada às escolhas que você faz, pois elas têm o poder de esculpir o seu futuro.

Diante dessa encruzilhada de decisões, a pergunta crucial ressoa: qual será a sua escolha? Neste ponto, convido-o a não apenas começar, mas a persistir nesta jornada até o seu desfecho. Esta não é apenas uma leitura superficial; é uma imersão profunda nas reflexões sobre as suas escolhas e como elas se entrelaçam com o propósito singular que Deus reservou para você.

A cada página virada, você está aceitando um convite para uma jornada transformadora, consciente de que há um propósito único e significativo aguardando ser descoberto e vivido com plenitude. Este livro é um guia para desafiar crenças limitantes, superar medos e abraçar a conquista.

Ao decidir completar a leitura, você está dando um passo ousado em direção a um entendimento mais profundo do seu propósito e das escolhas que o conduzirão a uma vida de significado e realização. Então, comprometa-se com esta jornada, pois ela é uma oportunidade única de se alinhar ao propósito divino que direcionará os seus passos.

( ) Eu decido completar a leitura deste livro, tomando decisões que não só impactarão a minha vida, mas também me conduzirão a viver plenamente o propósito especial para o qual fui criado.

CAPÍTULO 4

MAS AFINAL, QUEM É VOCÊ?
Reconhecendo sua singularidade

"Eu te louvo porque me fizeste de modo especial e admirável. Tuas obras são maravilhosas! Disso tenho plena certeza."
(Salmos 139:14 - NVI)

Talvez, neste momento, você esteja se questionando: quem sou eu, afinal? Você pode até ter respondido com seu nome, sua profissão, ou sua religião, mas a verdade é que, se você está lendo este livro, talvez ainda não tenha compreendido verdadeiramente quem é ou, se souber, pode ser que tenha esquecido, deixando essa verdade escondida em algum lugar.

Há um mistério envolvendo nossa identidade que muitas vezes nos escapa, como se estivéssemos navegando por um oceano de incertezas sobre quem realmente somos. Essa jornada rumo ao autoconhecimento e à compreensão de nossa verdadeira essência é o que exploraremos neste capítulo.

Pode haver uma sensação de confusão sobre sua verdadeira identidade ou sobre o propósito da sua vida. Eu não sei absolutamente nada sobre você, mas há alguém que sabe tudo a seu respeito.

Deus, o artífice divino que teceu os detalhes mais íntimos do seu ser, conhece todos os seus pensamentos e jeitos. Ele sabe a cor dos seus olhos, as coisas que te fazem rir ou te chateiam, seus sonhos, medos, planos, e até mesmo a quantidade de fios de cabelo em sua cabeça.

Neste capítulo, vamos mergulhar nas águas profundas do autoconhecimento, guiados pela convicção de que entender quem somos é fundamental para trilhar a jornada da vida com propósito e plenitude. A busca pela verdade sobre si mesmo é como desvendar um tesouro escondido, e Deus é o grande conhecedor desse tesouro que é você.

Escondendo Nossa Verdadeira Identidade

Muitas vezes, tentamos esconder de nós mesmos e dos outros nossas dores, medos, aflições e receios. Num esforço aparentemente nobre para proteger nossa vulnerabilidade, criamos máscaras que ocultam as emoções que verdadeiramente habitam em nosso íntimo. No entanto, paradoxalmente, essas emoções refletem quem realmente somos ou como estamos em determinado momento.

Ao ocultar nossas dores e angústias, criamos uma fachada que, embora aparentemente nos proteja, na verdade nos aprisiona. Essa tentativa de esconder nossa verdadeira identidade não apenas nos afasta dos outros, mas também nos distancia de nós mesmos.

Saber quem somos é essencial para a jornada da vida. No entanto, essa busca muitas vezes é obscurecida pela complexidade de nossas emoções e experiências. Enquanto não entendermos essa verdade e não descobrirmos quem somos, será difícil seguir adiante, e tudo, absolutamente tudo, se tornará um grande obstáculo para nós.

Imagine pequenas poças de água que, se não reconhecidas, podem se transformar em grandes mares agitados. Da mesma forma, pequenos barrancos podem se tornar grandes montanhas de escalada perigosa se ignorarmos as nuances de nossas emoções. Uma simples fileira de tijolos, representando nossas experiências e sentimentos escondidos, pode se transformar em uma grande muralha que nos isola do mundo e, principalmente, de nós mesmos.

A reflexão sobre o que tentamos esconder e por que é um passo crucial para desmontar essas barreiras. A aceitação de nossa verdadeira identidade, com todas as suas nuances e complexidades, nos liberta para uma jornada de autoconhecimento e crescimento. Em vez de esconder quem somos, devemos abraçar nossa autenticidade, reconhecendo que é nas imperfeições que encontramos nossa verdadeira beleza.

É necessário reconhecer que a ausência do autoconhecimento pode ter impactos significativos em nossa vida, afetando não apenas nosso bem-estar emocional, mas também nossa saúde mental. A resistência em encarar nossa verdadeira identidade pode levar a uma série de prejuízos, desencadeando crises de ansiedade, depressão e outros malefícios.

Ao esconder nossas dores e medos, construímos uma barreira que nos isola do mundo, mas, ironicamente, essa mesma barreira nos torna prisioneiros de nossas próprias emoções. A negação de quem somos e a recusa em lidar com nossos sentimentos podem resultar em um acúmulo silencioso de tensões emocionais, criando um terreno fértil para o desenvolvimento de transtornos psicológicos.

A falta de autoconhecimento muitas vezes se manifesta em momentos de crise, quando somos confrontados com desafios e situações que exigem uma compreensão profunda de nossas emoções e reações. A incapacidade de lidar adequadamente com esses momentos pode levar a um ciclo de ansiedade, em que nos sentimos perdidos e incapazes de enfrentar as adversidades.

A depressão também pode ser uma consequência direta da falta de autoconhecimento. A negação de nossa verdadeira identidade pode gerar um vazio interior, uma sensação de desconexão e falta de propósito na vida. Essa falta de clareza sobre quem somos e o que buscamos pode contribuir para um estado depressivo, onde nos sentimos perdidos em um mar de incertezas.

Além disso, a tentativa constante de esconder nossas emoções genuínas pode levar ao surgimento de mecanismos de enfrentamento prejudiciais, como a busca por válvulas de escape temporárias, como o uso de substâncias tóxicas ou comportamentos autodestrutivos. Essas estratégias, longe de resolverem o problema, apenas agravam o ciclo de desconexão e sofrimento.

Reconhecer a importância do autoconhecimento é o primeiro passo para romper com esse ciclo prejudicial. Ao nos permitirmos explorar nossa verdadeira identidade, abrimos espaço para o crescimento pessoal, o entendimento profundo de nossos sentimentos e a construção de relações mais autênticas. A jornada de autoconhecimento é um investimento valioso em nossa saúde mental e bem-estar emocional, guiando-nos para uma vida mais plena e significativa.

Superando Crenças Limitantes: Uma Jornada Pessoal

A pergunta persiste: como podemos avançar se não conhecemos nossa verdadeira essência?

Talvez tenham dito que você é um fracasso, sem futuro, sem valor, sem esperança. Contudo, esses rótulos jamais definirão quem você verdadeiramente é.

Recordo-me de uma época em que, ainda criança, ouvi de um parente próximo que eu não seria ninguém na vida, apenas mais um na multidão, destinado ao insucesso. Por muito tempo, esse veredito ecoou, gerando autocomiseração e impedindo-me de buscar conquistas significativas.

Durante muito tempo, essa mensagem reverberou em minha mente moldando minha mentalidade, suscitando inseguranças, medos e incertezas que me impediam de buscar conquistas significativas. Em diversos momentos, considerei abandonar meus sonhos, cedendo à insegurança projetada por uma crença que não era minha, uma narrativa que não me pertencia.

Muitas vezes, nos vemos estagnados diante de crenças limitantes que nos foram impostas por outros ou, em alguns casos, que criamos sobre nós mesmos. Essas barreiras invisíveis podem parecer intransponíveis, impedindo-nos de alcançar nosso verdadeiro potencial. No entanto, a chave para o crescimento reside em superar essas limitações e abraçar a verdadeira essência de quem somos.

Contudo, a decisão de seguir adiante implicou em abandonar pensamentos que incentivavam a desistência e apagar as lembranças dolorosas do passado, pois percebi que, ao adotar essas palavras como verdade, estava permitindo que a visão limitada de outra pessoa moldasse minha própria identidade. Decidi, então, romper com essa narrativa e abandonar os pensamentos que me faziam querer desistir. No entanto, essa jornada de autodescoberta não foi fácil.

Muitas vezes, ao longo da vida, questionei minha validade e me vi aprisionado por crenças que não eram minhas. No entanto, em uma noite solitária, ouvi uma voz sussurrando em meu ouvido, levando-me a compreender meu propósito e identidade. Descobri que não era um acidente, nem estava destinado ao fracasso. Havia um propósito único para minha existência, uma vida para ser vivida de maneira plena e especial.

É possível que você nunca tenha enfrentado situações semelhantes, mas talvez tenha lidado com críticas ou autocríticas que o levaram a se ver como inferior. Seja qual for a origem dessas crenças limitantes, é crucial compreender que esses pensamentos não definem sua verdadeira identidade.

Independentemente do que foi dito por outros ou por você mesmo, essas palavras nunca serão a verdade sobre quem você é. A jornada de superar crenças limitantes é um convite para se libertar das amarras do passado, reconhecendo o poder transformador que vem ao abraçar sua verdadeira essência. A jornada é única para cada um, mas a recompensa é a liberdade de viver autenticamente, sem ser definido por rótulos impostos por outros.

Ao decidir enfrentar suas crenças limitantes, você inaugura uma jornada de descoberta pessoal. O caminho pode ser desafiador, mas a recompensa é a liberdade de ser autenticamente você. Ao se abrir para a verdade sobre sua identidade, você desafia as narrativas limitantes e se permite trilhar um novo rumo.

Convido você a não permitir que palavras, passadas ou presentes, definam quem você é. Busque a voz que sussurra em sua essência, a voz que o leva além das expectativas limitantes. Sua verdadeira identidade é um tesouro a ser revelado, e a jornada de autodescoberta é o caminho para desvendar esse mistério e superar crenças que não condizem com sua realidade.

Descobrindo a Verdade em Deus: A Singularidade da Criação Divina

A verdade sobre quem somos encontra-se na profundidade do conhecimento que Deus tem sobre cada um de nós. Cada aspecto, cada peculiaridade, é cuidadosamente conhecido pelo Criador desde o momento em que éramos apenas uma ideia em Sua mente divina.

Deus moldou você de maneira especial, única, tornando-o uma expressão única de Sua criatividade no vasto panorama da existência. Em toda a imensidão deste mundo, não há ninguém igual a você, porque você é uma obra singular e exclusiva das mãos do Criador.

Desde o ventre de sua mãe, Deus já o conhecia intimamente. Enquanto ainda não havia sido escolhido um nome para você, Ele já sabia quem você seria, onde nasceria e com quem compartilharia a jornada da vida. Cada detalhe de sua existência não era desconhecido para Ele, desde as coisas que o alegrariam até as dificuldades que enfrentaria, as angústias que sentiria e os sonhos que almejaria realizar.

A Bíblia, em Gênesis 1:27, revela que fomos criados à imagem e semelhança de Deus, refletindo Sua essência divina em nossa humanidade. Essa semelhança vai muito além da aparência física; ela abrange nossas características mais íntimas, nossos dons, nossa capacidade de amar e criar, refletindo a beleza de nossa origem divina.

A narrativa sagrada ainda destaca, em Lucas 12:7, que cada fio de cabelo em nossa cabeça é contado por Deus. Essa imagem simbólica representa Sua atenção minuciosa aos detalhes mais íntimos de nossa vida. Nada escapa ao olhar amoroso do Criador.

O Salmo 139:13 reforça a ideia de que Deus conhece cada estágio de nossa formação, mesmo antes de nascermos. Antes mesmo de sua mãe conceber a ideia de sua existência, Deus já estava intricadamente envolvido em todos os aspectos de sua criação.

A busca pela verdadeira identidade é uma jornada intrinsecamente ligada ao conhecimento profundo de Deus. À medida que nos aprofundamos na compreensão de quem Ele é, as camadas que envolvem nossa própria essência começam a se revelar de maneira mais clara e profunda.

Imersos na presença de Deus, encontramos um espelho divino que reflete não apenas quem Ele é, mas também quem fomos criados para ser. Sua luz ilumina os cantos mais obscuros de nossa alma, dissipando dúvidas e revelando a verdadeira essência da nossa singularidade.

A verdade sobre nós mesmos não é um enigma inalcançável, mas algo que se desvela à medida que nos aproximamos do Criador. Ele, que nos formou com Suas próprias mãos, conhece cada detalhe, cada traço de personalidade, cada sonho que repousa em nosso coração.

Na presença divina, descobrimos que somos mais do que simples coincidências ou produtos do acaso. Somos criações intencionais, destinadas a desempenhar um papel único no grande esquema da existência. O conhecimento de Deus revela o propósito extraordinário para o qual fomos concebidos.

Essa jornada não é apenas uma exploração de quem somos, mas também uma descoberta transformadora de nossa conexão com o Divino. Em cada passo, percebemos que a verdade sobre nossa identidade está intricadamente entrelaçada com a natureza de Deus, pois fomos moldados à Sua imagem para refletir Sua glória neste mundo.

Portanto, ao buscar o autoconhecimento na presença de Deus, abrimos as portas para compreendermos não apenas nossa singularidade, mas também a amplitude do amor divino que nos envolve. É nessa jornada que encontramos significado, propósito e a verdadeira essência daquilo que somos chamados a ser, filhos de Deus.

Conectando-se com Deus: Uma Jornada Profunda e Transformadora de Autoconhecimento

A resposta à complexa questão "quem eu sou?" não é apenas um mergulho intrínseco em nossa própria essência, mas, surpreendentemente, uma jornada que nos conduz à descoberta íntima de quem é Deus.

Por muito tempo, minha busca pelo propósito da vida foi obscurecida por dúvidas e pela busca incessante por validação em minhas ações. As vozes do passado ecoavam, criando uma névoa que obscurecia a visão clara da minha verdadeira identidade. Uma crença de incapacidade e menosprezo, sutilmente implantada na minha mente na infância, me aprisionava, impedindo-me de reconhecer plenamente o valor intrínseco que Deus havia insuflado em mim.

Ao me conectar profundamente com Deus, percebi que a verdade sobre mim mesmo não podia ser separada da verdade sobre Ele. Essa conexão não é apenas um ato espiritual, mas uma jornada íntima que revela o propósito singular pelo qual fui criado.

A compreensão de quem somos começa na compreensão de quem é o nosso Criador. Em cada momento de busca por Deus, descobrimos pedaços de nossa própria identidade que refletem Sua imagem. Somos, de fato, moldados à Sua semelhança, e nossa singularidade é uma expressão viva da Sua criatividade.

Conectar-se com Deus é muito mais do que uma prática religiosa; é uma exploração profunda e transformadora que ilumina os recantos mais sombrios da nossa alma. É na Sua presença que as camadas de autocondenação são removidas, e a verdade sobre nossa autenticidade é revelada.

A Bíblia Sagrada, como fonte de sabedoria e orientação espiritual, oferece preciosos insights sobre a importância de nos conectarmos com Deus. Nela, encontramos passagens que ressaltam a profundidade transformadora dessa jornada espiritual, indo além de práticas religiosas superficiais.

João 8:12 (NVI) – "Quando Jesus falou novamente ao povo, disse: 'Eu sou a luz do mundo. Quem me segue, nunca andará em trevas, mas terá a luz da vida.'"

Ao mencionar "a luz do mundo", Jesus destaca a importância de segui-Lo para encontrar uma luz que dissipa as trevas interiores. Conectar-se com Deus é, portanto, uma exploração profunda, guiada pela luz divina que revela os recantos mais sombrios da alma.

O Salmo 139 nos convida a uma oração íntima, pedindo a Deus para sondar nossos corações. Essa exploração profunda envolve a busca pela verdade sobre nós mesmos na presença divina, onde as camadas de autocondenação são removidas pela graça e amor de Deus.

Salmo 139:23-24 (NVI) – "Sonda-me, ó Deus, e conhece o meu coração; prova-me, e conhece as minhas inquietações. Vê se em minha conduta algo que te ofende, e dirige-me pelo caminho eterno."

Já no livro de 2 Coríntios 3:18 (NVI) temos – "E todos nós, que com a face descoberta contemplamos a glória do Senhor, segundo a sua imagem estamos sendo transformados com glória cada vez maior, a qual vem do Senhor, que é o Espírito."

Essa passagem destaca a transformação que ocorre ao nos conectarmos com Deus. Na Sua presença, somos transformados à semelhança de Sua imagem. A exploração profunda da nossa alma na luz divina resulta em uma revelação da verdade sobre nossa autenticidade, moldada pela graça de Deus.

Filipenses 4:6-7 (NVI) diz: "Não andem ansiosos por coisa alguma; antes, em tudo, pela oração e súplicas, com ação de graças, apresentem seus pedidos a Deus. E a paz de Deus, que excede todo o entendimento, guardará o coração e a mente de vocês em Cristo Jesus."

Nesta passagem vemos que a oração é destacada como ponto chave de conexão. Ao apresentarmos nossos pedidos a Deus, encontramos uma paz que ultrapassa nosso entendimento. Essa prática constante fortalece nossa conexão, proporcionando uma jornada espiritual ainda mais profunda.

A Bíblia, portanto, ressoa com a ideia de que a verdadeira conexão com Deus não é uma mera formalidade religiosa, mas uma jornada intensa e reveladora. É nesse encontro íntimo que a luz da verdade divina ilumina as sombras interiores, removendo as camadas de autocondenação e revelando a autenticidade que encontramos em Deus.

Nessa jornada, aprendemos que cada traço, habilidade, pensamento e expressão são partes intricadas de um propósito maior. Deus nos fez de maneira única, não para nos perdermos em comparações, mas para destacar Sua sabedoria infinita através de nossa singularidade.

A verdadeira conexão com Deus é um convite para explorar, questionar, chorar e sorrir na Sua presença. É nesse encontro íntimo que descobrimos a resposta à pergunta "quem eu sou?" Não apenas uma resposta superficial, mas uma revelação que transcende a compreensão humana.

Ao abraçar essa jornada, abrimos espaço para Deus nos mostrar não apenas quem somos, mas quem podemos nos tornar sob Sua orientação amorosa. Conectar-se com Deus é, portanto, uma chave mestra que desbloqueia as portas do autoconhecimento, revelando o propósito extraordinário que Ele reservou para cada um de nós. Essa conexão é o catalisador para a descoberta da verdadeira essência da nossa existência.

Valorizando a Criação de Deus: Reconhecendo Sua Obra Magnífica

Em muitos momentos da vida, encontramo-nos diante da necessidade de reconhecer o valor intrínseco que possuímos. Cada passo na jornada da autovalorização é como uma página virada em direção à compreensão plena da obra singular que somos. Ao olhar para trás, percebo que ao valorizar cada ato criativo, por mais singelo que pudesse parecer, dei início a uma jornada profunda de apreciação pela obra que Deus realizou em mim.

A compreensão de nossa verdadeira identidade começa quando reconhecemos que somos obras magníficas do Criador. Cada detalhe, cada peculiaridade, é resultado da criatividade divina que nos moldou com esmero e propósito.

Valorizar cada ato criativo pessoal é o primeiro passo para a autoapreciação. É como lançar luz sobre as nuances de nossa existência e reconhecer que somos mais do que meras coincidências. Nossos talentos, habilidades e características refletem a assinatura única de Deus em cada um de nós.

A verdadeira compreensão de quem somos está profundamente entrelaçada ao conhecimento do nosso Criador. Cada ato criativo revela um aspecto da nossa essência, e entender isso é abrir as portas para uma jornada transformadora em direção à autovalorização.

Ao adentrar essa jornada, descobrimos que valorizar a criação de Deus em nós não é apenas um ato de reconhecimento, mas um convite para nos aproximarmos Dele, buscando compreender a obra divina que somos e a finalidade extraordinária para a qual fomos destinados. Nessa busca, encontramos não apenas a verdade sobre nossa identidade, mas também a profundidade do amor e propósito que Deus derramou em cada um de nós.

1. Valorizando a Obra Criativa: Celebrando a Singularidade da Criação Divina

Ao iniciar a jornada de valorizar cada ato criativo, mesmo os aparentemente simples, dei o primeiro passo em direção à apreciação plena da obra que Deus realizou em mim. Reconhecer a magnitude dessa criação vai além da mera aceitação; trata-se de uma celebração da singularidade e complexidade que caracterizam cada um de nós como criações divinas.

Ao prestar atenção aos detalhes que muitas vezes passam despercebidos, como uma simples habilidade, um traço único de personalidade ou uma característica física distinta, iniciei uma jornada de reconhecimento e valorização. Esses elementos, por vezes considerados ordinários, tornaram-se preciosos ao compreender que são parte integrante de uma obra magnífica projetada por Deus.

A mudança de foco para aspectos significativos da minha existência permitiu-me superar as influências negativas que, em algum momento, foram proferidas sobre mim. Ao deixar para trás as limitações impostas por palavras depreciativas, abri espaço para a aceitação e a valorização do que Deus moldou em Sua sabedoria.

A criação de Deus é diversificada e única. Cada pessoa é uma expressão singular da Sua criatividade. Valorizar essa diversidade é compreender que não há um padrão único de beleza, habilidade ou personalidade. Em vez disso, a riqueza da criação divina se revela na multiplicidade de dons, características e peculiaridades que Ele concedeu a cada indivíduo.

Ao valorizar a obra criativa de Deus, é possível alcançar um nível mais profundo de aceitação da própria autenticidade. Isso implica em abraçar quem somos, reconhecendo que cada traço, por mais singelo que seja, é parte integrante de uma criação que reflete a sabedoria e a maestria do Criador.

A celebração da singularidade é o ápice desse processo. Valorizar a obra criativa de Deus é reconhecer que cada pessoa é única e, ao mesmo tempo, uma peça vital no intricado quebra-cabeça da Sua criação. Essa celebração não apenas engrandece a individualidade, mas também enaltece a sabedoria divina manifestada em cada ser humano.

Nessa valorização da obra criativa de Deus, encontramos uma base sólida para o autoconhecimento e a construção de uma identidade fundamentada na compreensão de que somos parte de algo grandioso e intencionalmente projetado pelo Criador.

2. Buscando Conhecer a Deus: Explorando a Essência do Criador

A jornada de valorização da obra criativa de Deus naturalmente nos conduz à busca pelo conhecimento mais profundo do próprio Criador. Essa busca não é apenas uma prática religiosa, mas uma exploração íntima e transformadora que nos permite desvendar os recantos mais profundos da nossa alma. Ao conectar-se com Deus, somos guiados a descobrir verdades essenciais sobre quem somos e qual é o nosso propósito.

A oração emerge como uma ponte fundamental para estabelecer uma conexão íntima com Deus. É mais do que uma simples comunicação; é um diálogo profundo que nos permite compartilhar nossos pensamentos, anseios e agradecimentos, ao passo que abrimos espaço para ouvir a voz do Criador em nossa vida. A oração torna-se a linguagem da alma na busca por uma conexão genuína.

Deus disse através do profeta Jeremias: "Clama a mim, e responder-te-ei, e anunciar-te-ei coisas grandes e firmes que não sabes." (Jeremias 33:3) e o apóstolo Paulo enfatiza aos tessalonicos "Orai sem cessar." (1 Tessalonicenses 5:17).

A Bíblia, como a Palavra de Deus, torna-se uma fonte inesgotável de conhecimento divino. Ao explorar as Escrituras, mergulhamos na sabedoria divina, compreendemos a natureza de Deus e, consequentemente, descobrimos mais sobre quem Ele nos criou para ser. Cada página da Bíblia é uma revelação que contribui para a compreensão da nossa própria identidade. "Lâmpada para os meus pés é a tua palavra, e luz para o meu caminho." (Salmos 119:105) disse o salmista e Paulo afirma que "Toda a Escritura é divinamente inspirada e proveitosa para ensinar, para redarguir, para corrigir, para instruir em justiça." (2 Timóteo 3:16).

Apeguemo-nos de forma intima as escrituras sagradas, pois somente ela é capaz de purificar o interior de nossos ser e nos conduzir para mais próximos do propósito de Deus para nossas vidas.

A reflexão silenciosa e a meditação constituem momentos preciosos para se aprofundar na presença de Deus. Nessas pausas contemplativas, abrimos espaço para ouvir as orientações divinas, compreender a Sua vontade e perceber como Sua presença molda nossa própria existência. "Meditarei nos teus preceitos, e olharei para os teus caminhos." (Salmos 119:15)"

A meditação é um ato de entrega, permitindo que a essência divina permeie todos os aspectos da nossa vida. "Sonda-me, ó Deus, e conhece o meu coração; prova-me, e conhece os meus pensamentos." (Salmos 139:23).

Deus se revela não apenas nas páginas da Bíblia, mas também na vastidão da criação e nas experiências diárias, "Porque desde a criação do mundo os atributos invisíveis de Deus, o seu eterno poder e divindade, se entendem e claramente se veem pelas coisas que estão criadas." (Romanos 1:20).

Ao observar a natureza e reconhecer as intervenções divinas em nossa jornada, a compreensão do Criador se expande, pois "Os céus declaram a glória de Deus e o firmamento anuncia a obra das suas mãos." (Salmos 19:1). Cada detalhe da vida cotidiana torna-se um testemunho da presença ativa de Deus em nosso caminho.

A busca por conhecer a Deus não é uma jornada estática, mas um processo contínuo de crescimento na conexão pessoal. "Buscar-me-eis e me achareis quando me buscardes de todo o vosso coração." (Jeremias 29:13). À medida que aprofundamos nossa relação com Ele, descobrimos mais sobre nossa verdadeira identidade e propósito.

Essa conexão íntima molda não apenas quem somos, mas também a maneira como vivemos, amamos e impactamos o mundo ao nosso redor. "Mas, como está escrito: As coisas que o olho não viu, e o ouvido não ouviu, e não subiram ao coração do homem são as que Deus preparou para os que o amam." (1 Coríntios 2:9)

3. Reconhecendo a Incondicionalidade do Amor de Deus: Vivendo na Plenitude do Seu Amor Eterno

Na jornada de valorizar a criação de Deus e buscar conhecê-Lo mais profundamente, nos deparamos com a realidade sublime da incondicionalidade do Seu amor. Compreender esse amor transformador é essencial para viver na plenitude da identidade que Ele nos concedeu.

O amor de Deus é alicerçado na Sua própria natureza. Ele não nos ama com base em méritos humanos ou conquistas, mas sim por Sua própria escolha de nos amar incondicionalmente. É um amor que ultrapassa as falhas, abraça as imperfeições e se estende mesmo quando sentimos que não merecemos, "Mas Deus prova o seu amor para conosco em que Cristo morreu por nós, sendo nós ainda pecadores." (Romanos 5:8)

O amor de Deus é incondicional. "Nisto consiste o amor: não em que nós tenhamos amado a Deus, mas em que ele nos amou e enviou o seu Filho como propiciação pelos nossos pecados." (1 João 4:10)

Ao conectar-se com Deus, somos envolvidos por Sua presença amorosa e "Nós o amamos porque ele nos amou primeiro." (1 João 4:19). Essa experiência pessoal transcende conceitos teóricos e se torna uma realidade vibrante em nossas vidas. Cada encontro com o amor divino é uma oportunidade de renovar nossa compreensão sobre quem somos nesse relacionamento singular.

Paulo estava convicto do amor de Deus e de que nada poderia nos separar deste amor quando escreveu aos romanos: "Porque eu estou bem certo de que nem a morte, nem a vida, nem os anjos, nem os principados, nem as coisas do presente, nem do porvir, nem os poderes, nem a altura, nem a profundidade, nem qualquer outra criatura poderá separar-nos do amor de Deus, que está em Cristo Jesus, nosso Senhor." (Romanos 8:38-39)

O amor incondicional de Deus não apenas nos aceita como somos, mas também nos transforma. "Portanto, se alguém está em Cristo, é nova criatura; as coisas antigas já passaram; eis que se fizeram novas." (2 Coríntios 5:17). Ele atua como agente de mudança, restaurando, renovando e capacitando-nos a viver de acordo com a plenitude do propósito para o qual fomos criados. Essa transformação é uma evidência viva do poder regenerador do amor divino. "E eu lhes darei um coração novo, e porei dentro deles um espírito novo; e tirarei o coração de pedra da sua carne, e lhes darei um coração de carne." (Ezequiel 11:19)

Ao reconhecer a incondicionalidade do amor de Deus e experimentar Sua transformação, somos convidados a viver na plenitude desse amor eterno. Essa plenitude não está vinculada a circunstâncias externas, mas à realidade constante de sermos amados por Deus. "O amor de Deus foi derramado em nossos corações pelo Espírito Santo que nos foi dado." (Romanos 5:5). É uma fonte inesgotável de alegria, segurança e propósito que permeia todas as áreas da nossa existência. "Tenho-vos dito isso, para que a minha alegria permaneça em vós, e a vossa alegria seja completa." (João 15:11)

A incondicionalidade do amor de Deus não é passageira; é eterna. Jeremias afirmou: "O Senhor apareceu-me de longe, dizendo: Com amor eterno eu te amei; por isso, com benignidade, te atraí." (Jeremias 31:3)

Ele nos promete que Seu amor permanecerá conosco, independente das circunstâncias ou escolhas. "O amor do Senhor é desde a eternidade e até a eternidade sobre aqueles que o temem." (Salmos 103:17). Essa promessa nos proporciona uma base sólida para enfrentar desafios, crescer e viver uma vida de significado duradouro.

4. Aceitando a Própria Singularidade: Celebrando a Obra Única de Deus em Cada Um de Nós

Aceitar a própria singularidade é um passo vital na jornada de descobrir a identidade em Deus. Ao reconhecermos que fomos criados de maneira única, começamos a apreciar a diversidade da obra criativa do Criador em cada aspecto de nossa existência.

Cada ser humano é uma expressão singular da criatividade divina. Em vez de comparar-se com os outros, reconhecer a beleza na diversidade é fundamental. "Há diversidade de dons, mas o Espírito é o mesmo." (1 Coríntios 12:4)

Deus criou uma tapeçaria multifacetada, e cada um de nós é uma peça única nesse mosaico extraordinário. Nosso espírito deve alegrar-se em Deus e louvá-lo pela forma magnífica como nos criou. O salmista entendo isso declara: "Eu te louvo porque me fizeste de modo especial e admirável. Tuas obras são maravilhosas!" (Salmos 139:14)

Não caia na armadilha da comparação, pois ela frequentemente obscurece a verdade da singularidade. Comparar-se aos outros pode levar à autocrítica prejudicial e à subestimação do valor intrínseco que Deus conferiu a cada indivíduo. Em vez de comparar, somos chamados a celebrar as características únicas que nos tornam quem somos.

Nossa forma única não é acidental; é intencional. "Fomos criados à imagem e semelhança de Deus." (Gênesis 1:27) e ao aceitarmos quem somos, reconhecemos que somos um reflexo único do Criador. Cada traço, talento e característica única é um testemunho da riqueza da imaginação divina. Até mesmo "Os céus declaram a glória de Deus, e o firmamento anuncia a obra das suas mãos." (Salmos 19:1)

Aceitar nossas características não apenas eleva nossa autoestima, mas também nos coloca em sintonia com o propósito que Deus reservou para nós. "Porque somos feitura dele, criados em Cristo Jesus para boas obras, as quais Deus de antemão preparou para que andássemos nelas." (Efésios 2:10). Ao reconhecermos que fomos feitos de forma única, somos capacitados a viver de acordo com o plano singular que Deus projetou para cada um.

Tenha sempre em mente aquilo que o Senhor Deus diz a você "Antes de eu formar você no ventre, eu já sabia tudo a seu respeito. Antes que você pudesse ver a luz do dia, eu já tinha planos para você: Um profeta às nações, era o que eu tinha em mente" (Jeremias 1:5)

Aceitar quem somos ou como somos pode ser um desafio, especialmente em uma sociedade que frequentemente valoriza a conformidade. No entanto, essa aceitação é vital para vivermos plenamente a identidade que Deus nos deu. É um ato de humildade reconhecer que fomos maravilhosamente feitos à Sua imagem, cada um com um propósito único.

Ao aceitarmos que somos únicos, não apenas reconhecemos o valor que Deus nos atribuiu, mas também contribuímos para um testemunho poderoso da diversidade da criação divina.

5. Buscando o Autoconhecimento por Meio de Deus: Desvendando a Identidade no Espelho da Divindade

A busca pelo autoconhecimento ganha uma profundidade única quando enraizada na conexão com Deus. Neste processo, não apenas nos entendemos melhor, mas também descobrimos nossa verdadeira identidade à luz das escrituras.

Autoconhecimento é uma jornada contínua, e muitas vezes nos deparamos com desafios ao tentar compreender nossa própria complexidade. No entanto, ao buscar essa compreensão com Deus como guia, encontramos um companheiro constante e a fonte suprema de sabedoria, a palavra de Deus.

Em Hebreus 4:12 entendemos que "… a palavra de Deus é viva e eficaz, e mais cortante do que qualquer espada de dois gumes, e penetra até a divisão de alma e espírito, e de juntas e medulas, e é apta para discernir os pensamentos e intenções do coração."

A palavra vivifica nosso espírito, é forma como Deus aponta a direção, como nos leva a conformidade com Ele. Mas existe uma ferramenta poderosa no processo de autoconhecimento, a oração. Ao nos dirigirmos a Deus em sinceridade, expressando nossos pensamentos mais profundos, começamos a desvendar camadas de nossa identidade que talvez estivessem ocultas até mesmo para nós mesmos.

É normal para nós termos certas preocupações, mas Ele nos diz: "Não andeis ansiosos por coisa alguma; antes, as vossas petições sejam em tudo conhecidas diante de Deus pela oração e súplicas, com ação de graças." (Filipenses 4:6).

Temos de entender que Deus se importa conosco, tudo o que Ele quer é ouvir nossa voz clamando elo Seu nome. "Clama a mim, e responder-te-ei e anunciar-te-ei coisas grandes e firmes que não sabes." (Jeremias 33:3)

A Palavra de Deus é um espelho que reflete nossa verdadeira natureza. Ao mergulharmos nas Escrituras, encontramos orientação, correção e encorajamento que iluminam os recessos mais profundos de quem somos. Deus nos fala diretamente por meio de Sua Palavra. Lembre-se que "Toda Escritura é inspirada por Deus e útil para o ensino, para a repreensão, para a correção e para a instrução na justiça." (2 Timóteo 3:16)

Na jornada do autoconhecimento, podemos nos deparar com aspectos de nós mesmos que causam arrependimento. Nesses momentos, a compreensão da graça e perdão de Deus é vital. Ele não apenas revela nossas falhas, mas também oferece redenção e renovação. Pois "Se confessarmos os nossos pecados, ele é fiel e justo para nos perdoar os pecados e nos purificar de toda injustiça." (1 João 1:9)

Ele, por seu imenso amor por nós nos perdoa, pois sabe como fomos feitos e conhece o propósito que tem para cada um de nós, por isso diz: "Eu, eu mesmo, sou o que apago as tuas transgressões por amor de mim e dos teus pecados não me lembro." (Isaías 43:25)

Ao nos aproximarmos de Deus, compreendemos que somos mais do que simples criaturas; somos filhos amados do Altíssimo. "Mas, a todos quantos o receberam, deu-lhes o poder de serem feitos filhos de Deus." (João 1:12). Essa consciência filial transforma a maneira como nos vemos e como enfrentamos os desafios da vida. "Vede que grande amor nos tem concedido o Pai: que fôssemos chamados filhos de Deus." (1 João 3:1)

Conhecer a si mesmo por meio de Deus também implica aceitar a criação divina que somos. Deus nos formou com propósito, e essa aceitação permite que vivamos plenamente de acordo com Sua vontade. "Porque somos feitura dele, criados em Cristo Jesus para boas obras, as quais Deus de antemão preparou para que andássemos nelas." (Efésios 2:10)

Ao buscarmos o autoconhecimento por meio de Deus e em Deus, não apenas descobrimos quem somos, mas também entendemos nossa identidade à luz do amor e propósito divinos. É uma jornada que nos leva a uma profunda compreensão de nós mesmos como filhos amados e criações únicas do Altíssimo.

Desvendando a Verdadeira Identidade

Ao explorarmos as profundezas da pergunta "Quem é você?", descobrimos que a resposta transcende os rótulos superficiais que muitas vezes nos definem. Não somos meramente uma soma de nossas realizações, falhas ou circunstâncias. Somos, em essência, criações divinas, moldadas pelo próprio Deus com amor, propósito e singularidade.

A jornada para descobrir nossa verdadeira identidade é um caminho muitas vezes desafiador, repleto de reviravoltas emocionais e autodescobertas. No entanto, o entendimento mais profundo sobre quem somos se revela quando nos conectamos com o Criador.

Escondemos partes de nós mesmos, tentando mascarar dores, medos e incertezas. No entanto, é na aceitação de nossa humanidade e na busca constante pela conexão com Deus que começamos a desvendar os mistérios de nossa própria existência.

Ao superarmos as crenças limitantes, abraçarmos nossa

singularidade e nos reconectarmos com Deus, abrimos espaço para a verdadeira aceitação. Descobrimos que fomos criados à Sua imagem, que Ele nos conhece desde o ventre materno e que, em Suas mãos, encontramos a verdade sobre nossa essência.

A oração se torna a ponte entre nós e Jesus Cristo, permitindo que nossos pensamentos mais profundos sejam expressos diante daquele que nos conhece completamente. A Palavra de Deus, como espelho, reflete não apenas nossas imperfeições, mas também a beleza de uma criação intencional.

A verdadeira identidade não é encontrada em rótulos externos, mas na aceitação da filiação divina. Somos mais do que seres criados; somos filhos amados do Altíssimo. Em cada passo dessa jornada, percebemos que nossa verdadeira identidade é revelada na interseção entre nossa busca por autoconhecimento e a graça redentora de Deus.

Portanto, ao se questionar "Quem é você?", reconheça que a resposta vai além das superficialidades do mundo. Você é uma criação única, amada e propositada por Deus. A busca contínua por se conhecer, aliada à conexão com o divino, é a chave para desvendar a verdadeira essência de quem você é.

CAPÍTULO 5

PLANTANDO A SEMENTE DA ESPERANÇA
Vislumbrando um Futuro Melhor

> É Deus quem me reveste de força e
> torna perfeito o meu caminho.
> 2 Samuel 22:33 - NVI

Aquilo que parece ser o fim, muitas vezes, nos surpreende com uma nova oportunidade para recomeçar. Durante muito tempo, acreditava que para mim não existiria um novo começo, que nada mudaria verdadeiramente minha vida, proporcionando um futuro cheio de amor, paz, alegria, entusiasmo, reconhecimento e até mesmo estabilidade financeira.

Lembro-me de culpar os outros pelas coisas que desejava e não tinha, inventando desculpas para justificar o abandono de projetos iniciados. Quantos livros comecei e deixei de lado, convencendo-me de que não era capaz de concluí-los? Perdi as contas de quantas oportunidades deixei escapar por medo do fracasso ou pela antecipação de um "não" como resposta.

É notável como nos importamos com a opinião alheia, aceitando esses pensamentos como verdades absolutas em nossas vidas, especialmente quando são negativos. Ao longo do tempo, compreendi que a vida não é perfeita, mas todas as coisas, por melhores que pareçam, podem ser aprimoradas.

A vida é uma jornada cheia de tropeços, quedas, fracassos e dores. No entanto, percebi que, após cada queda, temos a escolha de levantar e seguir em frente. As adversidades nos fortalecem e promovem crescimento se optarmos por permanecer firmes. Toda dor, tristeza e sofrimento transformam-se em alegria quando entendemos que fazem parte do fluxo natural da vida: O CAMINHO SE CONSTRÓI AO CAMINHAR.

Enquanto muitos acreditam no acaso, afirmo que nada acontece por acaso; tudo é resultado de decisões e escolhas que fazemos ou que impactam nossas vidas. É crucial lembrar que devemos assumir as consequências de nossas escolhas, sejam elas boas ou ruins.

Ao conceber este capítulo, inicialmente o imaginei no final do livro, questionando a lógica de colocá-lo no fim quando se trata de recomeços. Compreender que o caminho se constrói ao caminhar é tão crucial quanto dar o primeiro passo. No entanto, como enfrentar o medo e a insegurança que tornam o primeiro passo mais difícil?

Às vezes, questionamos por que as coisas são tão difíceis para nós enquanto parecem simples para outros. A verdade é que desconhecemos as reais dificuldades dos outros, suas renúncias e escolhas. Portanto, é hora de parar de invejar a grama do vizinho e focar em nosso próprio quintal.

Tropeços e Quedas: Forjando Resiliência na Jornada da Vida

Ao nos depararmos com os inevitáveis tropeços e quedas ao longo da vida, surge a oportunidade não apenas de sobreviver, mas de prosperar. Em minha jornada, compreendi que cada obstáculo é uma lição, cada queda é uma chance de aprender e crescer. Desistir não é uma opção.

Imagine-se em um caminho sinuoso, repleto de desafios. A cada passo, a cada tropeço, surge uma oportunidade de forjar resiliência e descobrir a força que reside em cada um de nós.

Temos que entender que a vida é repleta de desafios e, muitas vezes, o medo do fracasso pode se tornar uma barreira significativa para alcançar nossos objetivos. Muitas pessoas, por receio de errar, deixam de perseguir grandes conquistas. Contudo, é essencial compreender que o fracasso não deve ser encarado como um obstáculo intransponível, mas sim como uma oportunidade valiosa de aprendizado e crescimento.

Enxergar o fracasso como um professor valioso é a chave para transformar a perspectiva. Cada falha traz consigo lições preciosas que não podem ser aprendidas de outra forma. Ao enfrentar o medo do fracasso, abrimos espaço para um crescimento pessoal e profissional extraordinário.

Grandes conquistas muitas vezes são precedidas por uma série de tentativas e erros. O fracasso não é o fim, mas sim uma etapa crucial no processo de refinamento. Cada revés nos molda, nos fortalece e nos capacita para os desafios futuros.

A resistência diante do fracasso é um indicador fundamental de resiliência. Aqueles que encaram os revezes com coragem e determinação desenvolvem uma resiliência que os prepara para enfrentar adversidades ainda maiores. É na superação das quedas que se forja a verdadeira força interior.

Contudo, o medo do fracasso muitas vezes nos paralisa, impedindo a ação. Ressaltar a positividade significa romper com esse medo paralisante. É entender que, ao enfrentar os desafios, mesmo que resultem em falhas temporárias, estamos nos movendo em direção ao nosso crescimento pessoal e à realização de nossos objetivos.

Inspirar-se em histórias de pessoas notáveis que enfrentaram fracassos antes de alcançar o sucesso é uma maneira eficaz de cultivar a positividade. Muitos líderes, inovadores e visionários experimentaram falhas significativas em suas jornadas, mas perseveraram, transformando seus fracassos em triunfos.

A história de José, no Antigo Testamento, é um exemplo poderoso de superação. Injustamente vendido como escravo pelos próprios irmãos, enfrentou inúmeras adversidades. No entanto, manteve sua integridade, interpretou sonhos na prisão e, eventualmente, tornou-se um líder influente no Egito, desempenhando um papel crucial na preservação da vida durante a fome. (Gênesis 37-50)

Davi, inicialmente um simples pastor de ovelhas, enfrentou e venceu o gigante Golias com apenas uma funda e uma pedra. Embora tenha experimentado derrotas e desafios ao longo de sua jornada, Davi se tornou um dos maiores reis de Israel, conhecido por sua adoração a Deus e por liderar com coragem e sabedoria. (1 Samuel 16-31, 2 Samuel)

Pedro, um dos discípulos mais próximos de Jesus, enfrentou um momento de grande fracasso ao negar conhecer seu Mestre durante Sua prisão. No entanto, após a ressurreição de Jesus, Pedro emergiu como uma figura central na liderança da igreja primitiva, pregando corajosamente e influenciando muitos. (Mateus 26:69-75, João 21:15-19, Atos 2)

Paulo, inicialmente conhecido como Saulo e perseguidor

ferrenho dos seguidores de Jesus, experimentou uma transformação radical após um encontro com Cristo. Ele se tornou um dos apóstolos mais prolíficos, enfrentando prisões, perseguições e dificuldades, mas deixando um legado duradouro por meio de suas epístolas e seu compromisso inabalável com o Evangelho. (Atos 9:1-31, 2 Coríntios 11:16-33)

Moisés, criado como príncipe no Egito, enfrentou um exílio no deserto após matar um egípcio. Lá, ele passou décadas antes de ser chamado por Deus para liderar o povo de Israel para a liberdade. Moisés superou sua própria insegurança e liderou os israelitas até a entrada na Terra Prometida. (Êxodo 2:1-15, Êxodo 3-4, Êxodo 14-17, Números 20:1-13)

Esses cinco líderes bíblicos enfrentaram fracassos e desafios significativos, mas suas histórias ilustram que, com fé, humildade e perseverança, é possível transformar adversidades em triunfos e seguir uma trajetória de liderança inspiradora. Suas vidas destacam a importância de aprender com os fracassos, confiar em Deus e continuar avançando em direção aos propósitos divinos.

É imprescindível que você encare o fracasso como um ponto de partida, não como um destino final. Cada tropeço é uma oportunidade para ajustar a rota, reavaliar estratégias e avançar com uma compreensão mais profunda de si mesmo e de seus objetivos.

É preciso adotar uma mentalidade positiva em relação ao fracasso, abrimos portas para um crescimento substancial e nos capacitamos para alcançar novas alturas. A jornada rumo ao sucesso é pavimentada com desafios, e é através da superação destes que construímos uma narrativa de realização pessoal e profissional.

Se você se sente fraco ou incapaz, saiba que não está sozinho. Todos enfrentamos desafios, mas é através dessas experiências que crescemos e nos tornamos mais fortes.

À medida que enfrentamos os desafios da vida, é reconfortante lembrar as palavras de Jesus: "Eu sou o caminho, a verdade e a vida..." (João 14.6). Essa verdade ressoa em cada passo que damos.

Não tema os tropeços, pois neles reside a oportunidade de aprendizado. Levante-se com ousadia, convicto de que cada queda o aproxima da vitória.

A vida é uma jornada de aprendizado contínuo. Cada queda é uma chance de construir uma base mais sólida para o futuro. Meu desejo é que você seja inspirado a enfrentar os desafios com coragem, sabendo que cada tropeço é uma pedra preciosa na construção de sua jornada única.

Nada Acontece ao Acaso: Escolhas e Consequências

A vida é uma sequência interminável de escolhas, cada uma carregando consigo a responsabilidade de moldar nosso destino. Nada ocorre ao acaso; tudo é resultado de decisões, conscientes ou não, que fazemos ao longo do caminho. Essa verdade muitas vezes nos escapa, especialmente quando enfrentamos desafios e adversidades.

Cada escolha que fazemos é como uma pedra lançada em um lago tranquilo, criando ondulações que se estendem por toda a nossa jornada. Se optamos por cultivar relacionamentos saudáveis, buscar conhecimento, e perseguir nossos sonhos, essas escolhas positivas reverberam em direção a um futuro promissor. Por outro lado, decisões precipitadas ou movidas por impulsos podem criar obstáculos que desafiam nossa jornada.

O princípio bíblico "tudo o que o homem semear, isso também ceifará" (Gálatas 6:7) destaca a inevitabilidade das consequências de nossas escolhas. Se semeamos amor, compaixão e justiça, colheremos frutos de paz e harmonia. No entanto, se as sementes plantadas são de egoísmo, ódio e desonestidade, as consequências amargas inevitavelmente se manifestarão.

Nossas escolhas não afetam apenas nosso próprio destino, mas também as vidas daqueles ao nosso redor. A Bíblia ressalta a importância de amar o próximo como a si mesmo, uma escolha que tem o poder de transformar comunidades e sociedades.

a) Impacto das Escolhas nas Relações: Família, Esposa e Filhos

O tecido das relações familiares é intrinsecamente entrelaçado com as escolhas que fazemos diariamente. Cada decisão, desde as pequenas atitudes até as grandes mudanças de direção, reverbera profundamente na dinâmica familiar. Especificamente, o papel do cônjuge (esposa ou esposo) e dos filhos é fundamental nesse contexto, moldando a atmosfera e o desenvolvimento emocional do lar.

O relacionamento entre marido e mulher é uma das bases da família. Escolhas fundamentadas no amor, respeito e comprometimento fortalecem esse vínculo. A Bíblia, em Efésios 5:25, destaca o chamado para os maridos amarem suas esposas da mesma forma como Cristo amou a igreja. Essa é uma escolha que transcende o emocional, envolvendo sacrifício e constância.

As escolhas dos pais moldam profundamente a experiência de vida dos filhos. Desde a forma como os pais se comunicam até a demonstração prática de valores e princípios, cada ação deixa uma impressão duradoura. Provérbios 22:6 destaca a importância de guiar as crianças no caminho certo, uma escolha contínua que envolve ensinar, corrigir e modelar um caráter baseado em valores sólidos.

A consistência nas escolhas é crucial para a construção de confiança nas relações familiares. A confiança é fortalecida quando os membros da família podem contar com a previsibilidade e a integridade das escolhas uns dos outros. Escolhas consistentes baseadas em amor e respeito estabelecem um ambiente seguro e estável para todos.

Os desafios inevitáveis na vida familiar exigem escolhas relacionadas ao perdão e à reconciliação. A Bíblia incentiva a prática do perdão, reconhecendo que todos falhamos (Colossenses 3:13). Tomar a decisão de perdoar e trabalhar para a reconciliação demonstra humildade e a compreensão do valor contínuo das relações familiares.

Escolher priorizar o tempo de qualidade com a família é uma decisão que impacta diretamente a conexão emocional entre os membros. A presença atenta, o diálogo aberto e as atividades compartilhadas fortalecem os laços familiares. A Bíblia destaca a importância de investir tempo nos relacionamentos, reconhecendo que esses momentos são preciosos (Efésios 5:16).

O impacto das escolhas nas relações familiares, incluindo o relacionamento entre esposo e esposa e a dinâmica com os filhos, é imensurável. Cada escolha molda não apenas o presente, mas também o futuro da família. Priorizar o amor, a comunicação eficaz, o perdão e a presença significativa constroem alicerces sólidos para uma família saudável e vibrante. Essas escolhas não apenas beneficiam a unidade familiar, mas também lançam sementes de valores e princípios que reverberarão nas gerações futuras.

b) Impacto das Escolhas nas Relações No Ambiente Profissional

As escolhas que fazemos no ambiente profissional têm um impacto profundo nas relações interpessoais e no desenvolvimento da carreira. Da mesma forma que as decisões pessoais moldam nossa vida cotidiana, as escolhas profissionais têm o poder de influenciar não apenas a nós mesmos, mas também nossos colegas, superiores e subordinados. Vamos explorar como as escolhas no contexto profissional podem criar um ambiente saudável e promissor ou gerar desafios e conflitos.

Escolher agir com integridade e ética no ambiente de trabalho é fundamental para construir relações sólidas e sustentáveis. Como a Bíblia destaca em Provérbios 11:6 (NVI): "A honestidade livra o homem justo, mas o desleal é apanhado em sua própria cobiça". Decisões éticas promovem a confiança mútua e contribuem para um ambiente profissional saudável.

Escolher colaborar e promover um espírito de trabalho em equipe fortalece não apenas as relações profissionais, mas também a eficácia organizacional. Como afirmado em Eclesiastes 4:9 (NVI): "Melhor é serem dois do que um, porque têm melhor paga do seu trabalho". Decisões que incentivam a comunicação aberta, a valorização das contribuições individuais e o compartilhamento de conhecimento resultam em um ambiente mais produtivo e positivo.

Escolher investir no próprio desenvolvimento e apoiar o crescimento dos colegas contribui para a construção de uma equipe resiliente e capacitada. Como a Bíblia destaca em Provérbios 19:20 (NVI): "Ouça o conselho e aceite a instrução, e você será sábio para o resto da sua vida". Decisões que promovem a aprendizagem contínua, o mentoreamento e a promoção da excelência têm um impacto duradouro na qualidade das relações e na prosperidade profissional.

Escolher adotar práticas de liderança que inspirem e motivem os outros cria um ambiente em que as relações são fortalecidas e o potencial de cada indivíduo é maximizado. Conforme Provérbios 28:2 (NVT) destaca: "O bom líder instrui muitas pessoas, mas quando o perverso é o chefe, o povo cai na confusão". Decisões que cultivam um ambiente de confiança e reconhecimento geram equipes mais engajadas e produtivas.

Escolher abordar os conflitos de maneira construtiva e compassiva é essencial para manter relações saudáveis no ambiente profissional. Conforme sugerido em Mateus 18:15 (NVI): "Se o seu irmão pecar contra você, vá e, a sós com ele, mostre-lhe o erro". Decisões que buscam a reconciliação e a compreensão mútua, em vez de alimentar ressentimentos, contribuem para um ambiente mais harmonioso e produtivo.

Ao reconhecer o impacto significativo das escolhas nas relações profissionais, podemos cultivar um ambiente de trabalho que promova a colaboração, o crescimento e o bem-estar de todos os envolvidos. Essas escolhas não apenas beneficiam o presente, mas também contribuem para o desenvolvimento sustentável e a prosperidade a longo prazo no mundo profissional.

c) Impacto das Escolhas nas Relações: Na Igreja e no Ambiente em Geral

As escolhas que fazemos na igreja e no ambiente em geral têm um impacto profundo nas relações interpessoais, na comunidade e na experiência coletiva. Tais decisões não apenas moldam nossa jornada espiritual, mas também influenciam a atmosfera ao nosso redor. As escolhas conscientes, fundamentadas em princípios bíblicos, podem contribuir para relações saudáveis, edificação mútua e um ambiente harmonioso.

Escolher viver o amor e a compaixão é fundamental para fortalecer os laços na igreja e na comunidade em geral. João 13:34 nos instrui: "Um novo mandamento eu dou a vocês: Amem-se uns aos outros. Como eu os amei, vocês devem amar-se uns aos outros."

Escolher praticar a generosidade e o serviço desinteressado constrói uma comunidade vibrante e solidária. Paulo, em Filipenses 2:4 nos orienta: "Cada um cuide, não somente dos seus interesses, mas também dos interesses dos outros."

Escolher perdoar e buscar a reconciliação é essencial para manter relações saudáveis. Colossenses 3:13 destaca: "Suportem-se uns aos outros e perdoem as queixas que tiverem uns contra os outros. Perdoem como o Senhor lhes perdoou."

Escolher agir com humildade e respeito cria um ambiente onde as relações prosperam. Mateus 6:10 nos ensina sobre a importância da humildade, um exemplo dado pelo próprio Jesus: "Seja feita a vontade dele, assim na terra como no céu."

Escolher contribuir de maneira positiva e edificar uns aos outros é crucial para o crescimento espiritual e comunitário. 1 Tessalonicenses 5:11 ressalta: "Por isso, encorajem-se e edifiquem-se uns aos outros, como de fato vocês estão fazendo."

Ao incorporar essas escolhas fundamentadas na sabedoria bíblica, podemos criar um ambiente na igreja e na comunidade onde as relações florescem, a compreensão prevalece e a jornada espiritual se torna enriquecedora para todos. Cada decisão consciente contribui para a construção de um ambiente marcado pela graça, amor e respeito mútuo.

d) Escolher o Caminho da Sabedoria: Navegando nas Escolhas com Entendimento Profundo

A sabedoria, um dom elogiado nas Escrituras, é a bússola que nos guia nas complexidades da vida, oferecendo discernimento para tomar decisões alinhadas com os princípios divinos. Ao escolher o caminho da sabedoria, embarcamos em uma jornada que promove a prosperidade espiritual e o bem-estar. A busca pela sabedoria, fundamentada nas Escrituras, enriquece nossas escolhas e aprimora nossa jornada.

A busca pela orientação divina é um pilar essencial ao escolher o caminho da sabedoria. Provérbios 2:6 ilustra: "Pois o Senhor concede sabedoria; de sua boca procedem o conhecimento e o discernimento." A história do Rei Salomão é um exemplo notável dessa jornada. Em uma narrativa encontrada no livro de 1 Reis, Salomão, filho de Davi, ascendia ao trono de Israel.

Ao ser confrontado com a responsabilidade de liderar o povo de Deus, Salomão teve a oportunidade de pedir a Deus o que desejasse. Em meio a todas as possíveis escolhas, ele fez uma sábia decisão, pedindo a Deus sabedoria para conduzir o povo. Em 1 Reis 3:9, Salomão diz: "Dá, pois, ao teu servo um coração cheio de discernimento para governar o teu povo e para distinguir entre o bem e o mal."

A resposta de Deus a essa escolha reflete a importância da busca por orientação divina ao trilhar o caminho da sabedoria. Em 1 Reis 3:10-14, Deus não apenas concede a Salomão uma sabedoria sem igual, mas também promete bênçãos adicionais por sua escolha centrada em Deus.

Nessa história de Salomão, aprendemos que a busca por orientação divina é uma prática sábia. Deus não apenas oferece sabedoria, mas também direciona nossos passos, iluminando o caminho com discernimento divino. Ao escolher seguir os passos de Salomão, colocamos a base sólida para nossas decisões, reconhecendo a necessidade de depender de Deus para orientação em nossa jornada de sabedoria.

Lembre-se que a sabedoria se manifesta na aplicação prática dos princípios bíblicos em nossa vida diária. Tiago 3:17 destaca: "Mas a sabedoria que vem do alto é antes de tudo pura; depois, pacífica, amável, compreensiva, cheia de misericórdia e de bons frutos, imparcial e sincera."

Escolher o caminho da sabedoria implica em tomar decisões refletidas e ponderadas. Provérbios 3:5-6 nos aconselha: "Confie no Senhor de todo o seu coração e não se apoie em seu próprio entendimento; reconheça o Senhor em todos os seus caminhos, e ele endireitará as suas veredas."

A busca pela sabedoria resulta em crescimento pessoal e espiritual. Provérbios 4:7 nos lembra: "A sabedoria é a coisa principal; adquira a sabedoria e com todos os seus recursos adquira o entendimento."

Escolher o caminho da sabedoria impacta positivamente as relações, promovendo entendimento e harmonia. Provérbios 13:20 nos adverte: "Aquele que anda com os sábios será cada vez mais sábio, mas o companheiro dos tolos acabará mal."

Ao escolher o caminho da sabedoria, nos comprometemos com uma jornada enriquecedora, onde cada escolha reflete o entendimento profundo da vontade de Deus. Essa jornada não apenas fortalece nossa relação com Deus, mas também molda uma vida repleta de discernimento, paz e prosperidade.

e) Redenção e Novas Escolhas: Transformando o Passado em Oportunidade de Graça

A Bíblia traz a promessa de um novo começo, mesmo diante das consequências negativas de escolhas passadas. A narrativa bíblica é permeada por histórias de redenção, onde o arrependimento sincero e a busca por um caminho alinhado com os princípios divinos oferecem a esperança de transformação.

Davi, um rei segundo o coração de Deus, cometeu pecados graves, mas, ao confrontar sua própria falha, demonstrou arrependimento sincero, buscando a restauração com Deus. (2 Samuel 11-12)

A parábola do filho pródigo destaca a busca de um caminho correto após o arrependimento. O filho pródigo, após desperdiçar sua herança, retorna ao pai com um coração transformado. (Lucas 15:11-32)

A história da mulher apanhada em adultério revela a compaixão de Jesus. Ele não apenas perdoa, mas também incentiva a mudança de vida, dizendo "vai e não peques mais". (João 8:1-11)

Pedro, após negar Jesus, experimenta a restauração através do arrependimento. Jesus, após Sua ressurreição, restaura Pedro e o comissiona para apascentar Suas ovelhas. (Mateus 26:69-75)

Paulo, anteriormente um perseguidor dos cristãos, tem uma transformação radical após encontrar Jesus no caminho de Damasco. Sua vida é redimida, e ele se torna um dos maiores apóstolos. (Atos 9:1-19)

O entendimento fundamental é que, mesmo em meio às consequências de nossas ações, a graça divina está sempre disponível para nos renovar. O arrependimento não é apenas um ato de contrição, mas também o primeiro passo em direção a uma mudança genuína. Ao reconhecermos nossos erros, somos convidados a nos reconciliar com Deus e com aqueles que possam ter sido afetados por nossas escolhas.

A Bíblia nos assegura que, ao abraçarmos a redenção, não somos apenas perdoados, mas também capacitados a fazer novas escolhas. Essa dinâmica de redenção transforma não apenas nossa trajetória individual, mas também influencia positivamente aqueles ao nosso redor.

Ao compreendermos que nada acontece ao acaso, assumimos a responsabilidade por nossas escolhas passadas. Contudo, essa responsabilidade não é um fardo insuportável; é uma oportunidade de crescimento, aprendizado e, acima de tudo, de experimentar a graça transformadora de Deus.

Ao trilharmos um caminho de propósito e sabedoria, alinhados com os princípios eternos de Deus, testemunhamos a verdadeira transformação que a redenção oferece. A mensagem é clara: em Deus, há sempre espaço para um novo começo, uma jornada renovada e a esperança de um futuro alinhado com o propósito divino.

O Caminho se Constrói ao Caminhar

A jornada da vida é muitas vezes comparada a um caminho que se constrói à medida que avançamos. Essa metáfora poderosa nos lembra que cada passo, por menor que seja, contribui para a formação do trajeto que percorremos.

Dentre os aspectos fundamentais dessa perspectiva, o enfrentamento do medo no Primeiro Passo.

O início de qualquer jornada é frequentemente acompanhado pelo medo do desconhecido. O primeiro passo pode parecer assustador, mas é nesse momento que encontramos a coragem para confrontar nossos receios. Na Bíblia, muitos personagens, como Moisés e Josué, enfrentaram o medo inicial ao confiar em Deus para guiar seus passos.

Devemos ter em mente que a construção do caminho é diária. Cada escolha, ação e decisão contribuem para a construção do caminho da vida. A Bíblia destaca a importância de buscar a orientação divina em Provérbios 3:5-6, onde nos é instruído a confiar no Senhor de todo o coração e a não depender do nosso próprio entendimento, mas reconhecê-Lo em todos os nossos caminhos.

Valorizar a jornada tanto quanto o destino final é uma sabedoria muitas vezes esquecida. A Bíblia ressalta a importância do processo e do amadurecimento ao longo da jornada. Em Tiago 1:2-4, somos encorajados a considerar as provações como motivo de alegria, pois o teste da nossa fé produz perseverança, e a perseverança, maturidade.

Devemos sempre confiar na providência divina: Reconhecer que Deus está no controle e confiar na Sua providência é crucial para a construção de um caminho sólido. No Salmo 37:23, lemos que "os passos de um homem bom são confirmados pelo Senhor, e ele deleita-se no seu caminho". Essa confiança nos capacita a caminhar com fé, mesmo quando o caminho parece incerto.

Aprender com as quedas e tropeços é fundamental. Assim como tropeçamos e caímos fisicamente, enfrentamos desafios e fracassos ao longo da vida. Contudo, esses momentos não são apenas obstáculos, mas oportunidades de aprendizado e crescimento. Provérbios 24:16 nos lembra que o justo pode cair sete vezes, mas se levanta de novo.

A metáfora "o caminho se constrói ao caminhar", portanto, nos convida a abraçar cada passo da jornada, enfrentar o medo com coragem, confiar na orientação divina, valorizar o processo e aprender com as experiências ao longo do caminho.

A Fé como Farol na Escuridão

A jornada da vida frequentemente nos leva por caminhos desconhecidos e por situações desafiadoras, mas a fé surge como um farol que ilumina a escuridão, proporcionando esperança e orientação.

Em meio às incertezas e adversidades, a fé é um farol que aponta para a esperança. Na Bíblia, em Hebreus 11:1, aprendemos que a fé é a certeza daquilo que esperamos e a prova das coisas que não vemos. Ela nos capacita a vislumbrar um futuro cheio de promessas, mesmo quando o presente parece sombrio.

A fé não é apenas uma crença passiva; é uma força dinâmica que tem o poder de transformar vidas. Em 2 Coríntios 5:7, somos encorajados a andar por fé e não por vista. Isso implica confiar nas promessas de Deus, mesmo quando os obstáculos parecem intransponíveis, e permite que a fé opere mudanças profundas em nossa jornada.

A fé não é apenas crer em algo; é também abrir o coração para ouvir a voz divina que chama pelo nome. Em João 10:27, Jesus nos diz que as ovelhas de Deus conhecem a Sua voz, e Ele as chama pelo nome. A fé, nesse contexto, envolve uma relação íntima com o Criador, ouvindo Sua orientação em meio às escolhas e decisões da vida.

A jornada da vida pode apresentar desafios que testam a nossa fé, mas é exatamente nesses momentos que ela se revela mais forte. Tiago 1:3-4 nos lembra que a prova da nossa fé produz perseverança e maturidade. A fé nos sustenta nos momentos difíceis, impulsionando-nos a continuar mesmo quando o caminho é árduo.

Nos momentos de tribulação, a fé atua como uma fonte de conforto e paz. Em Filipenses 4:7, aprendemos que a paz de Deus, que ultrapassa todo entendimento, guardará nossos corações e mentes em Cristo Jesus. A confiança na providência divina traz uma serenidade que transcende as circunstâncias.

A fé é o farol que guia a jornada, oferecendo esperança, transformação, intimidade com Deus, perseverança e a promessa de conforto e paz. Ela não apenas ilumina o presente, mas também orienta o futuro, permitindo que aqueles que caminham pela fé experimentem uma jornada marcada pela luz divina.

A Plenitude Começa com a Base Espiritual

Estabelecer uma base espiritual sólida é fundamental para alcançar a plenitude na jornada da vida. Nesse contexto, reconhecer Jesus como o caminho, a verdade e a vida é a pedra angular dessa base, trazendo significado e direção à nossa existência.

Em meio às escolhas da vida, a plenitude se revela quando reconhecemos Jesus como o caminho, a verdade e a vida. Conforme expresso por Jesus em João 14:6, Ele é a senda que nos conduz ao Pai, a verdade que ilumina nossa compreensão e a fonte da vida abundante. A plenitude começa quando aceitamos Jesus como guia supremo em nossa jornada.

A base espiritual é fundamental para encontrar o verdadeiro caminho. Em Provérbios 3:5-6, somos encorajados a confiar no Senhor de todo o coração e a não depender do nosso entendimento. Buscar orientação espiritual implica reconhecer a sabedoria divina como a bússola que nos direciona em nossas escolhas.

A plenitude espiritual surge da profundidade da nossa relação com Deus. Em Tiago 4:8, somos convidados a nos achegar a Deus, e Ele se achegará a nós. Isso implica em cultivar uma intimidade espiritual por meio da oração, meditação na Palavra e comunhão constante com o Criador.

A base espiritual não é isolada; ela permeia todas as áreas da vida. Em Colossenses 3:17, aprendemos que tudo o que fizermos, seja em palavra ou em ação, deve ser feito em nome do Senhor Jesus. A plenitude se manifesta quando nossa base espiritual influencia positivamente nossas escolhas, atitudes e relacionamentos.

Buscar uma base espiritual implica em alinhar nossas escolhas com princípios eternos. Em Mateus 6:33, Jesus nos exorta a buscar primeiro o reino de Deus e a Sua justiça, e as demais coisas serão acrescentadas. Essa perspectiva espiritual nos conduz a uma jornada de plenitude, onde a busca pela vontade divina precede todas as outras preocupações.

A plenitude começa com uma base espiritual sólida, reconhecendo Jesus como guia supremo, buscando orientação espiritual, aprofundando a relação com Deus, integrando a espiritualidade em todas as áreas da vida e alinhando escolhas com princípios eternos. Essa base espiritual não apenas enriquece a jornada, mas também oferece um alicerce seguro para construir uma vida plena e significativa.

O Poder da Decisão e da Ação

Uma das maiores expressões de maturidade espiritual é assumir a responsabilidade pessoal nas decisões de vida. Em Gálatas 6:7-8, somos lembrados de que colhemos o que semeamos. Reconhecer o papel ativo que desempenhamos em nossas escolhas é o primeiro passo para uma vida plena.

A Bíblia frequentemente encoraja a coragem, a ousadia e a iniciativa. Em Josué 1:9, Deus incentiva Josué a ser forte e corajoso. Em Provérbios 3:6, somos incentivados a não depender do nosso entendimento, mas confiar em Deus. O poder da decisão se manifesta quando, com coragem, ousadia e iniciativa, avançamos confiando na orientação divina.

Muitas vezes, a mudança significativa começa com uma decisão consciente de mudar. Em Romanos 12:2, somos instados a não nos conformarmos com o padrão deste mundo, mas sermos transformados pela renovação da nossa mente. A vida assume uma nova direção quando decidimos deixar para trás padrões prejudiciais e abraçar a transformação.

Em Tiago 2:17, Tiago nos lembra que a fé sem obras é morta. Isso ressalta a importância de colocar nossa fé em ação por meio de decisões concretas e atitudes. A fé é dinâmica quando se traduz em escolhas e ações que refletem nossa confiança em Deus.

Tomar decisões nem sempre significa evitar desafios, mas aprender com as consequências e ajustar o curso conforme necessário. Em Provérbios 15:22, somos aconselhados a buscar conselhos, reconhecendo que a sabedoria vem quando buscamos orientação. As decisões sábias são moldadas pela disposição de aprender e ajustar nossa trajetória.

O poder da decisão e da ação é uma expressão da responsabilidade pessoal, coragem, ousadia e iniciativa. Entender que a vida muda quando a decisão de mudar é tomada destaca a importância de escolhas conscientes. A ação, como expressão de fé, impulsiona a transformação, e aprender com as consequências promove um ciclo contínuo de crescimento. A jornada para uma vida plena é guiada pelo poder que reside na decisão e na ação fundamentada em princípios divinos.

A Chave para a Plenitude: Lançando Fora as Cargas

Em meio às complexidades da vida, muitas vezes nos vemos sobrecarregados por um fardo emocional que limita nossa capacidade de viver plenamente. Tristezas, angústias, medos e ansiedades podem se tornar pesos que impedem nosso progresso e nos roubam a alegria que Deus deseja que experimentemos. No entanto, há uma chave vital para alcançar a plenitude: o ato corajoso de lançar fora as cargas que nos prendem.

A Bíblia nos encoraja a lançar sobre Deus todas as nossas ansiedades, pois Ele cuida de nós (1 Pedro 5:7). Reconhecer a necessidade de liberar tristezas, angústias, medos e ansiedades é um passo crucial para alcançar a plenitude. Quando depositamos esses fardos nas mãos de Deus, abrimos espaço para a paz e a alegria.

Provérbios 4:23 nos adverte a guardar o coração, pois dele procedem as fontes da vida. Isso implica assumir o controle sobre nossas emoções e pensamentos. Ao conscientemente escolher cultivar pensamentos positivos e alimentar emoções saudáveis, estamos lançando fora as cargas que nos impedem de viver plenamente.

Hebreus 12:1 usa a metáfora de lançar fora todo peso e o pecado que nos envolve para que possamos correr com perseverança a corrida que nos está proposta. Reconhecer a necessidade de se livrar do peso emocional que impede nosso progresso é vital. Isso envolve avaliar as bagagens emocionais que carregamos e decidir conscientemente abandonar aquelas que nos impedem de avançar.

Devemos nos lembrar do poder da renovação mental que Paulo expõe em Romanos 12:2. Lançar fora as cargas emocionais muitas vezes começa por uma transformação na forma como pensamos. Ao permitir que a verdade de Deus permeie nossos pensamentos, experimentamos uma mudança profunda que impacta positivamente nossas emoções.

Ao lançar fora as cargas emocionais, abrimos espaço para a plenitude. Em Isaías 43:18-19, Deus nos convida a esquecer o que passou e abrir os olhos para o novo que Ele está fazendo. Livres das cargas do passado, podemos abraçar o presente e o futuro com esperança renovada.

A chave para a plenitude está em lançar fora as cargas emocionais que nos sobrecarregam. Isso envolve a liberação de tristezas, angústias, medos e ansiedades, assumindo o controle sobre as próprias emoções e reconhecendo a necessidade de se livrar do peso que impede o progresso. A renovação mental e a abertura para o novo capacitam-nos a experimentar a plenitude que Deus deseja para nossas vidas.

O Primeiro Passo em Direção à Vida Desejada:

Na jornada da vida, muitas vezes somos confrontados com a necessidade de dar o primeiro passo em direção à vida que desejamos. Esse passo inicial, embora possa parecer simples, carrega consigo um poder transformador extraordinário. É a ponte entre a visão que temos para o nosso futuro e a realidade que vivemos no presente.

Dar o primeiro passo é um ato de coragem e comprometimento. É a decisão consciente de romper com o status quo e embarcar em uma jornada de mudança e crescimento. Na Bíblia, encontramos diversos exemplos de personagens que deram passos significativos em direção aos propósitos divinos para suas vidas. O primeiro passo de Abraão ao deixar sua terra natal, a decisão de Moisés de confrontar o Faraó, e a escolha de Pedro de deixar sua rede para seguir a Jesus são apenas alguns exemplos inspiradores.

Assim como esses personagens bíblicos, cada um de nós enfrenta encruzilhadas em nossas vidas, exigindo a coragem de dar o primeiro passo em direção à mudança. Esse passo não apenas marca o início da jornada, mas também simboliza o comprometimento pessoal com a transformação. É uma resposta ao chamado interior para buscar algo mais, algo alinhado com os desígnios de Deus para nós.

Ao darmos o primeiro passo, afirmamos nossa disposição de seguir o caminho que nos leva à vida desejada. Esse comprometimento individual é fundamental, pois a jornada, muitas vezes desafiadora, exige perseverança e determinação. É como acender uma chama interior que nos guiará nas etapas seguintes, capacitando-nos a superar obstáculos e alcançar os destinos que Deus tem reservados para nós.

Em última análise, o primeiro passo é mais do que um simples movimento físico; é um ato de fé e confiança no Deus que nos capacita a trilhar caminhos que vão além da nossa compreensão. Ao darmos esse passo, estamos dizendo "sim" à aventura de viver uma vida alinhada com os propósitos divinos, sabendo que, com Deus ao nosso lado, cada passo é uma jornada rumo à plenitude e realização.

Encontrando Paz e Motivação para Seguir em Frente:

Ao encerrar este capítulo, convido você a uma reflexão profunda sobre a importância de encontrar paz interior e motivação para seguir em frente. Nossa jornada é marcada por desafios e incertezas, mas é na busca pela paz que encontramos a força necessária para enfrentar cada passo com determinação.

A verdadeira paz não é apenas a ausência de conflitos externos, mas uma serenidade que permeia o coração, mesmo em meio às tempestades da vida. É um presente divino que se revela quando nos conectamos espiritualmente, compreendendo que o caminho se constrói ao caminhar, e que a esperança reside na construção consciente desse caminho.

Quando buscamos a Deus, o autor da esperança, encontramos uma fonte inesgotável de motivação. É Ele quem nos impulsiona a seguir adiante, a superar os obstáculos, a transcender as limitações. A conexão espiritual se torna um farol que ilumina nossos passos, revelando que a verdadeira motivação para o futuro reside na compreensão do presente.

Lembre-se de que a esperança não é uma ilusão vazia, mas uma certeza ancorada na promessa divina. Ao plantar a semente da esperança, você está iniciando uma jornada de transformação e crescimento. Cada escolha, cada passo, é um ato de fé que contribui para a construção do caminho rumo à vida desejada.

Encontre a paz em sua jornada, sabendo que, mesmo diante dos desafios, você está protegido pela presença divina. Permita que a motivação brote do entendimento de que cada passo dado é um avanço em direção à realização dos propósitos que Deus tem para você.

Que esta busca pela paz interior e motivação para o futuro seja a bússola que orienta seus passos. Que a esperança floresça em seu coração, inspirando-o a seguir em frente com confiança, coragem e a certeza de que, com Deus ao seu lado, cada passo é um testemunho de Sua fidelidade e amor incondicional.

CAPÍTULO 6
A ARTE DA PERSEVERANÇA
Persistir quando tudo parece contra

Vocês precisam perseverar, de modo que, quando tiverem feito a vontade de Deus, recebam o que ele prometeu.
Hebreus 10:36

Na jornada da vida, nos deparamos com desafios que testam a essência de quem somos. É nesse contexto que a arte da perseverança se revela como um testemunho autêntico de força e resiliência. Enquanto é fácil manter a determinação quando as circunstâncias são favoráveis, é na adversidade que nossa perseverança é verdadeiramente posta à prova.

Este capítulo nos convida a adentrar o universo complexo dessa arte valiosa, a persistência incansável mesmo quando o vento sopra contrário, quando as tempestades parecem intermináveis. Inspirados pelo versículo de Hebreus 10:36, somos encorajados a "ter perseverança, de modo que, quando tiverem feito a vontade de Deus, recebam o que Ele prometeu".

Se o mundo ao nosso redor parece desencorajador e os obstáculos parecem intransponíveis, é precisamente nesses momentos que a arte da perseverança se destaca. A promessa divina nos assegura que, ao perseverarmos e permanecermos firmes na vontade de Deus, colheremos os frutos de uma esperança inabalável.

Neste capítulo, exploraremos esse universo de resiliência, onde cada passo, por menor que seja, representa uma vitória sobre a desistência. A perseverança transcende a mera qualidade admirável; é uma postura que transforma desafios em oportunidades de crescimento e superação. Juntos, iremos desvendar a arte de persistir quando tudo parece conspirar contra nós, confiantes de que a recompensa aguarda aqueles que não desistem de fazer o bem.

A Jornada da Resiliência: Superando Desafios

A resiliência tece os fios que formam a trama das grandes conquistas. Ao adentrarmos a jornada da resiliência, somos guiados por um princípio fundamental: a perseverança é a força motriz que impulsiona as maiores realizações.

Ao observarmos a história, tanto nas páginas da Bíblia quanto nos anais da humanidade, destacamos figuras que enfrentaram adversidades aparentemente insuperáveis. Cada uma dessas narrativas resplandece como um farol, iluminando o caminho da resiliência.

Na Bíblia, o apóstolo Paulo é um arquétipo de resiliência. Perseguições, prisões, naufrágios e dificuldades incontáveis foram parte integrante de sua jornada. No entanto, em meio a todas essas tribulações, Paulo não apenas perseverou, mas também deixou um legado duradouro por meio de suas cartas e de sua dedicação inabalável à propagação do Evangelho.

Anne Frank, uma adolescente judia alemã, tornou-se mundialmente conhecida por seu diário, escrito durante os anos em que ela e sua família se esconderam dos nazistas durante a Segunda Guerra Mundial. A resiliência de Anne diante das condições adversas do esconderijo, sua busca pela esperança e sua capacidade de expressar suas experiências mais profundas em palavras, mesmo em meio à perseguição, destacam a força interior que a perseverança pode proporcionar mesmo nas circunstâncias mais sombrias. O diário de Anne Frank continua a inspirar gerações a enfrentar desafios com coragem e resiliência.

Nick Vujicic é um palestrante motivacional e autor nascido sem membros. Sua história é um testemunho inspirador de como a resiliência pode superar desafios físicos e emocionais aparentemente intransponíveis. Apesar de sua condição, Nick abraçou uma atitude positiva e dedicou sua vida a inspirar outros a superar adversidades. Sua jornada é um exemplo claro de como a perseverança, aliada a uma mentalidade resiliente, pode transformar limitações em oportunidades e motivar outros a seguir em frente, independentemente das circunstâncias.

Outro exemplo claro de resiliência foi 16º presidente dos Estados Unidos, Abraham Lincoln, que enfrentou uma série de fracassos e reveses em sua carreira política antes de se tornar um dos líderes mais respeitados da história americana. Sua resiliência diante das derrotas e sua habilidade de aprender com os erros o impulsionaram para grandes feitos, incluindo a liderança durante a Guerra Civil e a emancipação dos escravizados.

Thomas Edison, o inventor prolífico, passou por inúmeras tentativas e falhas antes de finalmente inventar a lâmpada elétrica. Sua perseverança e resiliência diante das dificuldades são evidentes em sua famosa citação: "Eu não falhei, apenas encontrei 10.000 maneiras que não funcionam."

Oprah Winfrey, uma das mulheres mais influentes do mundo, superou uma infância difícil e desafiadora para se tornar uma renomada apresentadora de televisão, produtora e filantropa. Sua resiliência a impulsionou a transcender as expectativas sociais e criar um impacto positivo em diversas áreas.

O líder sul-africano Nelson Mandela enfrentou décadas de prisão e opressão antes de desempenhar um papel crucial na abolição do apartheid e na promoção da reconciliação nacional. Sua resiliência, combinada com sua visão de justiça e igualdade, o tornou um ícone global da luta pelos direitos humanos.

Perceba que refletir sobre como a perseverança molda nosso caráter é adentrar no âmago da jornada humana. A cada desafio enfrentado, somos esculpidos pelas mãos invisíveis da experiência, forjando-nos em seres capazes de superar os obstáculos da vida.

A resiliência não é apenas a capacidade de suportar a tormenta, mas a arte de transformar cicatrizes em testemunhos de superação. Aqueles que persistem diante das tempestades, ao invés de se curvar, emergem mais fortes e sábios.

Nesta jornada, compreendemos que a resiliência é um processo contínuo de superação. Cada desafio vencido não é apenas uma conquista, mas uma lição gravada na alma, uma pedra angular que sustenta a edificação do nosso caráter.

Na busca pela resiliência, descobrimos que é nos momentos de maior adversidade que nossos destinos são moldados. A jornada da resiliência nos ensina que, mesmo quando tudo parece conspirar contra a persistência incansável é a chave para superar as adversidades e alcançar alturas inimagináveis.

Ao trilharmos o caminho da resiliência, somos desafiados a transcender as limitações autoimpostas, a romper as correntes do desânimo e a abraçar a crença inabalável de que, com perseverança, cada desafio é uma oportunidade de crescimento.

Que cada passo nesta jornada nos inspire a perseverar, pois é na resiliência que descobrimos não apenas quem somos, mas quem podemos nos tornar. Que a força intrínseca da perseverança nos conduza à superação de desafios e à construção de um destino repleto de significado.

A Base da Perseverança: Razões para Persistir

A vida sempre nos apresenta vários desafios e, em meio a eles, surge a indagação fundamental: por que perseverar quando tudo parece desfavorável? A resposta a essa questão reside na compreensão profunda do propósito por trás da perseverança e nos princípios divinos que fundamentam a necessidade de persistir.

É nesses momentos que encontramos conforto e direção nas palavras do profeta Jeremias, que nos lembra da analogia do oleiro com o barro.

"Como o barro nas mãos do oleiro, assim são vocês nas minhas mãos, ó comunidade de Israel." (Jeremias 18:6 - NVI)

Assim como o oleiro molda o barro, Deus está moldando nossas vidas, mesmo nos momentos de dificuldade. Compreender o propósito por trás da perseverança significa confiar que há um plano divino em ação, mesmo quando a visão humana se obscurece. É a convicção de que cada desafio, cada moldar doloroso, contribui para a obra mestra que estamos nos tornando nas mãos do Criador. É nesse entendimento que encontramos força para persistir, confiantes de que, no final, seremos obras maravilhosas nas mãos do Oleiro celestial, o Senhor Jesus Cristo.

A visão divina transcende nossas limitações terrenas. Ao enxergarmos nossas vidas pela ótica de Deus, compreendemos que as tribulações temporárias têm um propósito eterno. O livro de Romanos nos lembra que todas as coisas cooperam para o bem daqueles que amam a Deus, indicando que até mesmo as situações adversas são tecidas em um plano divino para nosso benefício.

A base da perseverança repousa sobre princípios eternos. O amor, a fé e a esperança são como alicerces que sustentam a decisão de persistir. Quando compreendemos que somos amados por um Deus que é fiel em suas promessas, nossa fé se fortalece. Essa fé, por sua vez, nutre a esperança, nos capacitando a seguir em frente, confiantes de que a luz do amanhã irá dissipar as sombras do hoje.

A Palavra de Deus nos exorta em Gálatas 6:9 a não desfalecermos no cumprimento do bem, pois, no devido tempo, colheremos se não desistirmos. Essa chamada à persistência não é apenas um mandamento divino, mas um convite amoroso para confiarmos na soberania de Deus e nos mantermos firmes na jornada da fé. Por isso, não importam quais sejam as circunstâncias do momento, clame a Deus e Ele te ouvirá.

A sabedoria contida na Palavra de Deus é um farol que ilumina nossa jornada, especialmente nos momentos em que a persistência é posta à prova. A exortação para não desfalecer no cumprimento do bem é um chamado à resiliência, um convite para permanecermos firmes em meio às adversidades.

A expressão "no devido tempo, colheremos se não desistirmos" é um lembrete poderoso de que a recompensa da perseverança não é apenas uma esperança distante, mas uma promessa divina. É uma chamada à paciência, à confiança no plano de Deus, que muitas vezes transcende nossa compreensão imediata.

Quando nos deparamos com desafios, é tentador ceder à desesperança, mas a Palavra de Deus nos encoraja a resistir a esse desânimo. Cada ato de bondade, cada esforço para fazer o bem, mesmo quando as circunstâncias são adversas, contribui para o tecido do propósito divino. A colheita está reservada para aqueles que, pela graça de Deus, resistem à tentação de desistir.

Dessa forma, somos inspirados a perseverar não apenas por uma busca egoísta de recompensas, mas por uma compreensão mais profunda de que nossas ações têm significado eterno. Ao permanecermos comprometidos com o bem, nos alinhamos com o cronograma divino, confiantes de que, no devido tempo, colheremos os frutos de nossos esforços, fortalecidos pela fé e pela persistência.

Portanto, ao refletirmos sobre as razões para persistir, encontramos alicerces sólidos nos propósitos divinos, na visão eterna de Deus e nos princípios fundamentais que permeiam Sua Palavra. Que essa compreensão ilumine seu coração e fortaleça sua determinação de perseverar mesmo diante das adversidades.

Os Custos da Desistência: Impactos na Vida

Cada um de nós se depara com encruzilhadas desafiadoras, momentos em que a persistência se torna o fio condutor que nos impulsiona adiante. Diante disso, é importante refletir sobre as ramificações de abrir mão diante das dificuldades. É uma exploração profunda sobre como a decisão de desistir não apenas compromete nossos objetivos pessoais, mas também reverbera nos alicerces dos nossos relacionamentos.

Ao adentrarmos nesse tema, examinaremos as consequências de abandonar nossos objetivos e como essa escolha pode moldar o curso da nossa trajetória. Além disso, lançaremos luz sobre como a falta de perseverança pode afetar os vínculos interpessoais, destacando a importância da resiliência como um pilar essencial para a realização pessoal e a construção de relacionamentos duradouros.

Através dessa reflexão, devemos compreender o valor intrínseco de persistir mesmo quando os desafios parecem intransponíveis, reconhecendo que a resiliência não é apenas uma virtude pessoal, mas uma força que tece a trama dos nossos objetivos e relacionamentos, fortalecendo-nos na jornada da vida.

Desistir diante das adversidades frequentemente resulta em não alcançar os objetivos previamente estabelecidos. Quando lançamos a toalha prematuramente, abrimos mão não apenas das recompensas imediatas, mas também das conquistas a longo prazo. É importante ressaltar que o caminho para o sucesso é pavimentado com desafios, e cada obstáculo superado é uma vitória conquistada. Ao desistir, perdemos não apenas a oportunidade imediata, mas também o potencial futuro que poderia ser desbloqueado pela persistência.

A desistência não é apenas prejudicial para nossos objetivos pessoais, mas também lança sombras sobre os alicerces dos relacionamentos, em especial, no âmbito conjugal. Quando optamos por abandonar, inadvertidamente transmitimos mensagens negativas aos nossos parceiros, sinalizando falta de compromisso e resiliência. Esse comportamento pode gerar desconexão emocional e abalar a confiança que é essencial para a solidez de qualquer união.

Os relacionamentos, assim como quaisquer empreendimentos significativos, demandam esforço constante. A perseverança não só constrói um caminho para o sucesso pessoal, mas também exerce um papel crucial no fortalecimento dos laços interpessoais. Ao escolher persistir, não apenas moldamos nosso próprio destino, mas também nutrimos as conexões que são fundamentais para a saúde e longevidade de nossos relacionamentos, especialmente no contexto conjugal.

O alto índice de divórcios nos primeiros anos de casamento frequentemente reflete a falta de perseverança diante dos desafios iniciais. Muitos casais, ao enfrentarem as complexidades naturais da vida a dois, podem se sentir tentados a desistir quando as dificuldades surgem. O compromisso necessário para superar obstáculos muitas vezes esmorece diante da pressão.

Entretanto, ao compreendermos a importância da perseverança, podemos transformar esse cenário. A decisão de persistir nos momentos difíceis não apenas fortalece o casal individualmente, mas também solidifica os alicerces do relacionamento. O casamento, assim como qualquer jornada, tem seus altos e baixos, e a escolha de persistir nos momentos desafiadores pode ser a chave para um vínculo mais profundo e duradouro.

A perseverança no casamento não significa apenas resistir às adversidades, mas também buscar soluções conjuntas, crescer individualmente e como casal, e manter viva a chama do comprometimento mesmo nos momentos mais turbulentos. Ao entender que a perseverança é um ingrediente essencial para o sucesso matrimonial, os casais podem transformar o índice de divórcios nos primeiros anos, construindo alicerces sólidos que resistem ao teste do tempo com base na fé em Cristo.

Resiliência não é apenas a capacidade de suportar as tempestades da vida, mas também a habilidade de aprender, adaptar-se e perseverar. Ao abraçar a resiliência, não só continuamos avançando em direção aos nossos objetivos, mas também fortalecemos nossos relacionamentos, mostrando aos outros que somos dignos de confiança e comprometidos com o crescimento mútuo.

Não apenas no âmbito dos relacionamentos pessoais e conjugal, a falta de perseverança em empreendimentos comerciais pode ter efeitos significativos no sucesso de grandes negócios. Muitos empreendedores enfrentam obstáculos consideráveis ao iniciar e expandir seus empreendimentos. No entanto, é a resposta a esses desafios que define a trajetória de um negócio.

Ao desistir diante das dificuldades, os empresários podem comprometer não apenas seus objetivos individuais, mas também o impacto positivo que seus negócios podem ter na comunidade e na economia. A resiliência no mundo dos negócios vai além de suportar as tempestades; é a habilidade de aprender com os fracassos, adaptar-se às mudanças e persistir mesmo quando o caminho é árduo.

Os negócios bem-sucedidos muitas vezes têm por trás líderes e equipes que compreendem a importância de persistir e aprender com os desafios. A capacidade de manter-se firme diante das adversidades não apenas contribui para o alcance dos objetivos comerciais, mas também constrói uma reputação de confiança e comprometimento, fundamentais para o crescimento sustentável.

Ao abraçar a resiliência nos negócios, não só se avança em direção aos objetivos comerciais, mas também se cria um ambiente propício para o desenvolvimento pessoal e profissional. Isso fortalece as relações comerciais, inspira confiança em parceiros e clientes, e contribui para o crescimento mútuo no cenário empresarial. A perseverança nos negócios, portanto, não é apenas uma qualidade desejável, mas uma necessidade vital para o sucesso a longo prazo.

Ao entender os custos da desistência, podemos fortalecer nossa determinação para enfrentar desafios, cientes de que a perseverança não só molda nosso destino pessoal, mas também contribui para a construção de relacionamentos sólidos e significativos.

Além das Barreiras: Conquistas pela Persistência

Ao mergulharmos nas narrativas bíblicas e cotidianas, encontramos histórias de indivíduos que, por meio de uma persistência inabalável, transformaram desafios em oportunidades. A Bíblia, em particular, é rica em relatos que destacam a vitória da perseverança sobre as adversidades.

Um exemplo marcante é o apóstolo Paulo como já mencionei antes, cuja vida foi marcada por inúmeras dificuldades, incluindo perseguições, prisões e sofrimentos. No entanto, sua fé inabalável e determinação em espalhar a mensagem do Evangelho o impulsionaram a superar obstáculos aparentemente intransponíveis. Suas cartas, escritas em situações adversas, são um testemunho inspirador de como a perseverança pode gerar um impacto duradouro.

O apóstolo Paulo emerge como um exemplo extraordinário de perseverança no contexto das Escrituras. Sua jornada é permeada por desafios que incluem perseguições, prisões e inúmeras adversidades. Contudo, em meio a essas tribulações, sua fé inabalável e a determinação incansável de disseminar a mensagem do Evangelho se destacam como faróis de esperança.

Anteriormente conhecido como Saulo, era inicialmente um perseguidor fervoroso dos cristãos. Sua transformação ocorreu de maneira dramática, quando teve um encontro com Jesus no caminho de Damasco. A partir desse momento, Paulo dedicou sua vida a servir a Cristo, enfrentando uma série de desafios que moldariam profundamente seu caráter.

As perseguições e prisões que Paulo enfrentou não foram obstáculos suficientes para deter seu compromisso com a fé. Em vez disso, tornaram-se oportunidades para demonstrar a resiliência e a força que emanavam de sua convicção espiritual. Sua fé inabalável transcendia as circunstâncias adversas, impulsionando-o a proclamar o Evangelho mesmo nos momentos mais difíceis.

Um dos testemunhos mais notáveis de sua perseverança são as cartas que escreveu durante seu encarceramento. Cartas como Filipenses e Colossenses revelam não apenas a profundidade de sua devoção, mas também oferecem orientação espiritual atemporal para as gerações futuras. Paulo transformou suas experiências desafiadoras em fontes de inspiração, deixando um legado duradouro que continua a impactar milhões de vidas.

A vida do apóstolo Paulo é um testemunho inspirador de como a perseverança, alimentada por uma fé inabalável, pode não apenas superar desafios, mas também gerar um impacto duradouro. Suas realizações não foram apenas fruto de sua habilidade retórica ou conhecimento teológico, mas, acima de tudo, do poder transformador da perseverança fundamentada na fé cristã.

A trajetória de Michael Jordan não foi apenas marcada por suas vitórias espetaculares nas quadras de basquete, mas também por sua notável capacidade de superar adversidades. Um episódio crucial em sua vida aconteceu durante os anos de ensino médio, quando Jordan foi cortado do time de basquete. Esse revés poderia ter desencorajado muitos jovens atletas, mas para Jordan, isso se tornou um ponto de virada.

Em vez de desistir diante da rejeição, Michael Jordan escolheu a rota da perseverança e determinação. Ele canalizou sua frustração para o trabalho árduo, treinando incansavelmente para aprimorar suas habilidades. Essa fase desafiadora de sua vida não foi apenas um teste de sua habilidade física, mas também um exame de sua resiliência e mentalidade.

A dedicação de Jordan ao treinamento não apenas o reconduziu ao cenário do basquete, mas também o catapultou para alturas inimagináveis. Sua postura diante das adversidades não apenas moldou sua carreira, mas também se tornou uma fonte de inspiração universal. O legado de Michael Jordan transcende as quadras; ele se tornou um ícone da perseverança, mostrando que o verdadeiro caminho para o sucesso muitas vezes inclui superar obstáculos aparentemente intransponíveis.

Ao persistir em meio à desilusão, Michael Jordan não apenas conquistou títulos e recordes, mas também deixou um impacto duradouro na cultura esportiva. Sua história ressoa como um lembrete de que a determinação, aliada ao trabalho árduo, pode transformar reveses temporários em lançamentos para conquistas extraordinárias.

Um exemplo notável na esfera científica é a história de Thomas Edison, um inventor prolífico e visionário que enfrentou inúmeras dificuldades antes de alcançar o sucesso. Edison é amplamente reconhecido por suas contribuições revolucionárias para a tecnologia, sendo o inventor da lâmpada elétrica e detentor de mais de mil patentes.

Edison não teve uma jornada fácil em direção à inovação. Ele experimentou inúmeras tentativas e falhas antes de encontrar a solução viável para a lâmpada elétrica. Cada falha não foi vista como um obstáculo, mas como uma oportunidade de aprendizado. A perseverança de Edison foi evidente em sua famosa declaração de que não falhou dez mil vezes, mas descobriu dez mil maneiras de como não fazer uma lâmpada.

Esse comprometimento inabalável com seu trabalho e a disposição de persistir, mesmo diante de repetidos contratempos, destacam Edison como um exemplo emblemático de como a resiliência e a determinação podem impulsionar conquistas significativas. Sua história inspira não apenas na área científica, mas em diversas esferas da vida, destacando a importância de persistir em busca de inovação e progresso.

Essas histórias não apenas ilustram a superação de desafios, mas também ressaltam como a perseverança pode abrir portas para oportunidades inesperadas. Cada exemplo nos convida a refletir sobre a natureza transformadora da persistência, mostrando que, mesmo diante de adversidades aparentemente insuperáveis, é possível alcançar vitórias notáveis.

Determinação Inabalável: A Mentalidade da Persistência

No cerne da perseverança está uma mentalidade inabalável, uma determinação que transcende as circunstâncias adversas. A decisão de persistir, mesmo quando as tempestades da vida rugem, reflete uma profunda convicção de que o propósito é maior do que os desafios momentâneos. É necessário entender sobre a mentalidade da persistência, desvendando os elementos que a tornam inabalável e seu impacto não apenas em nossas vidas, mas também naqueles que nos cercam.

Essa mentalidade é enraizada em uma perspectiva transformadora. Em vez de ver os desafios como obstáculos intransponíveis, aqueles que cultivam a mentalidade da persistência enxergam cada dificuldade como uma oportunidade de crescimento e aprendizado. A resiliência é alimentada pela crença de que, ao superar os desafios, emergimos mais fortes, mais sábios e mais capacitados a enfrentar futuras adversidades.

A determinação inabalável é uma escolha consciente de não se render às circunstâncias desfavoráveis. É reconhecer que, embora não possamos controlar tudo o que nos acontece, temos controle sobre como respondemos.

Paulo Vieira, autor, conferencista, coach e presidente da Febracis, uma importante escola de negócios com base coaching integral sistêmico, aborda o princípio da autorresponsabilidade no qual coloca ênfase na ideia de que 10% do que nos acontece na vida são eventos externos e 90% são a nossa reação e responsabilidade em relação a esses eventos. Esse conceito destaca a importância de assumir o controle sobre nossas próprias ações, escolhas e respostas diante das circunstâncias.

Ao reconhecer que apenas uma pequena porcentagem das situações está fora de nosso controle, somos incentivados a concentrar nossa energia e atenção naquilo que podemos influenciar: nossas atitudes, pensamentos e decisões. Isso implica em assumir a responsabilidade por nossas escolhas e não atribuir constantemente as circunstâncias externas como a única causa de nossos resultados.

A autorresponsabilidade propõe que, ao adotarmos uma mentalidade proativa, somos capazes de transformar desafios em oportunidades, aprendizado e crescimento pessoal. Em vez de sermos vítimas das circunstâncias, tornamo-nos agentes ativos de nossa própria história.

Essa abordagem alinha-se com a ideia de que, mesmo diante dos 10% que não podemos controlar, temos a liberdade de escolher como responderemos, o que, por sua vez, moldará significativamente o curso de nossa vida. Essa mentalidade capacita as pessoas a superarem obstáculos, alcançarem metas e construírem um caminho de sucesso e realização pessoal.

A mentalidade da persistência capacita a pessoa a manter o foco no objetivo final, mesmo diante de reviravoltas imprevistas. Aqueles que a mantêm exercem uma influência inspiradora sobre os outros. Sua resiliência não apenas os eleva acima das adversidades, mas também serve como uma luz orientadora para aqueles que enfrentam desafios semelhantes. A capacidade de enfrentar as dificuldades com determinação inspira e encoraja, criando uma atmosfera propícia ao crescimento mútuo.

A persistência, enraizada em uma mentalidade inabalável, contribui para a construção de legados duradouros. Aqueles que deixam uma marca indelével na história frequentemente são os que enfrentaram obstáculos aparentemente insuperáveis com uma determinação inflexível. Suas histórias não apenas ecoam através do tempo, mas também inspiram gerações futuras a escolherem a mesma mentalidade de persistência na busca por seus objetivos.

A decisão individual de persistir cria uma cadeia de impacto que se estende muito além do indivíduo. Quando escolhemos enfrentar as adversidades com determinação, influenciamos positivamente nossa esfera imediata - família, amigos, colegas. Essa influência, por sua vez, cria um efeito cascata, contribuindo para uma sociedade mais resiliente, onde a mentalidade de persistência é valorizada e cultivada.

Em resumo, a determinação inabalável é mais do que uma força interna; é uma luz que ilumina o caminho para os outros. Essa mentalidade não apenas nos sustenta em meio às tempestades, mas também capacita a construção de um legado inspirador, moldando o futuro com cada escolha de persistir. Ao adotarmos essa mentalidade, tornamo-nos agentes de transformação, influenciando positivamente não apenas nossas vidas, mas o mundo ao nosso redor.

Superando o Desânimo: Encorajamento nas Dificuldades

É no meio das dificuldades que todos enfrentamos na jornada da vida, que o desânimo pode se tornar um adversário poderoso. No entanto, é fundamental compreender a importância de oferecer palavras de encorajamento para aqueles que enfrentam momentos desafiadores. O poder transformador de uma palavra de incentivo não pode ser subestimado, pois pode iluminar o caminho em meio à escuridão.

A Bíblia é uma fonte rica em sabedoria e consolo, oferece exemplos inspiradores de superação que podem servir como luz em tempos de desânimo. Um desses exemplos é a história de José.

A história de José é narrada no livro de Gênesis na Bíblia e é uma poderosa saga de perseverança, fé e redenção. José era o décimo primeiro filho de Jacó e era o favorito de seu pai, o que gerou inveja entre seus irmãos. Essa inveja culminou na traição deles, que o venderam como escravo para comerciantes egípcios.

José enfrentou diversas adversidades ao longo de sua vida. Como escravo no Egito, ele serviu na casa de Potifar, um oficial do faraó. No entanto, ele foi falsamente acusado de tentativa de sedução pela esposa de Potifar e acabou na prisão. Mesmo na prisão, José não perdeu sua fé e integridade.

Enquanto estava na prisão, José interpretou os sonhos de dois companheiros de cela, o copeiro e o padeiro do faraó. Suas interpretações se concretizaram, e o copeiro foi restaurado ao seu cargo no palácio. No entanto, o copeiro se esqueceu de José por algum tempo.

Anos depois, o faraó teve um sonho perturbador que ninguém conseguia interpretar. Foi então que o copeiro se lembrou de José, que foi chamado para interpretar o sonho. José não apenas interpretou o sonho, prevendo sete anos de fartura seguidos por sete anos de fome, mas também sugeriu um plano sábio para armazenar alimentos durante os anos de abundância.

Impressionado pela sabedoria de José, o faraó o nomeou governador do Egito, colocando-o no comando do plano de armazenamento e distribuição de alimentos. Durante os anos de fome, muitas pessoas de regiões vizinhas vieram ao Egito em busca de comida, incluindo os irmãos de José, que não o reconheceram.

A história atinge seu ponto culminante quando José revela sua identidade aos irmãos e os perdoa. Ele enfatiza que, apesar de terem planejado o mal contra ele, Deus usou esses eventos para o bem, salvando muitas vidas.

A jornada de José, marcada por traição, escravidão e prisão, é um testemunho de como a perseverança e a fé podem conduzir a um destino além das adversidades. Sua história nos inspira a confiar em Deus mesmo nas circunstâncias mais difíceis e a mantermos a esperança de que, no final, o propósito divino prevalecerá.

Outro exemplo inspirador é a história de Jó, encontrada no livro de Jó na Bíblia, é uma narrativa de fé inabalável e resistência diante das adversidades. Jó era um homem rico e justo que experimentou uma série de tragédias em rápida sucessão, perdendo seus filhos, sua riqueza e sua saúde. Apesar de enfrentar a dor e o desespero, a fé de Jó permaneceu inabalada.

A vida de Jó começou a desmoronar quando, num curto espaço de tempo, ele perdeu seus bens, seus filhos e sua saúde. Mesmo diante dessas terríveis perdas, Jó não amaldiçoou a Deus. Pelo contrário, ele se prostrou em adoração, declarando: "Nu saí do ventre da minha mãe e nu voltarei; o Senhor o deu e o Senhor o tomou; bendito seja o nome do Senhor" (Jó 1:21).

A situação de Jó piorou quando ele foi afligido com dolorosas feridas. Sua esposa o aconselhou a amaldiçoar a Deus e morrer, mas Jó manteve sua fé, dizendo: "Aceitaríamos o bem de Deus e não o mal?" (Jó 2:10). Jó buscou entender o propósito por trás de seu sofrimento, questionando a Deus, mas nunca negando sua fé.

Ao longo da história de Jó, seus amigos vieram para consolá-lo, mas em vez disso o acusaram de pecados que supostamente justificariam seus sofrimentos. Jó, no entanto, manteve sua integridade, rejeitando falsas acusações.

O ponto alto da história ocorre quando Deus responde a Jó, revelando Sua soberania e sabedoria além da compreensão humana. Jó, humildemente, reconhece a grandeza de Deus e se arrepende de suas dúvidas. No final, Deus restaura a vida de Jó, abençoando-o com ainda mais do que havia perdido.

A história de Jó é um testemunho de como a fé e a perseverança podem sustentar uma pessoa, mesmo nas circunstâncias mais difíceis. O exemplo de Jó inspira a confiar em Deus, mesmo quando não entendemos os caminhos pelos quais Ele nos conduz, e a manter a esperança, sabendo que, no final, Deus é fiel.

Essas histórias bíblicas destacam a importância de encorajar aqueles que enfrentam desafios, lembrando-os de que, assim como José e Jó, é possível superar as adversidades com fé e persistência. Ao compartilhar palavras de ânimo e apoio, contribuímos para a construção de pontes sobre as águas turbulentas da vida, capacitando os outros a continuar a jornada com esperança e determinação.

Portanto, ao encontrarmos amigos, familiares ou colegas enfrentando desânimo, lembremo-nos do impacto positivo que nossas palavras podem ter. Que possamos ser fontes de inspiração, guiando-os para a luz da esperança e incentivando-os a persistir, sabendo que cada desafio é uma oportunidade para o crescimento e a superação.

O Caminho para o Topo: Sucesso pela Perseverança

Na jornada rumo ao topo, onde o sucesso se entrelaça com a realização pessoal e profissional, a perseverança emerge como a bússola que orienta cada passo. Assim, importante conhecermos a relação entre a capacidade de persistir diante dos desafios e a conquista de metas grandiosas. Quando se entende como a perseverança e o sucesso se entrelaçam, desvenda-se os segredos de uma jornada que transcende os obstáculos e alcança altitudes extraordinárias.

A perseverança não é apenas uma virtude valiosa; é o combustível que impulsiona o motor do sucesso. Vamos adentrar esse universo fascinante, onde cada esforço resiliente pavimenta o caminho para o topo das realizações. Aqueles que perseveram, mesmo diante das tempestades, são os arquitetos de um destino marcado pelo triunfo e pela satisfação duradoura. Vamos agora explorar como a jornada de perseverar é intrínseca ao caminho que leva ao auge do sucesso.

a) A Aliança Inquebrável entre Perseverança e Sucesso

A aliança inquebrável entre perseverança e sucesso é algo perceptível. Costumo ouvir de grandes nomes que o sucesso deixa pistas, tudo o que devemos fazer é segui-las.

Ao explorarmos as vidas dos que alcançaram o auge em suas respectivas áreas, fica claro que a perseverança não é apenas um componente, mas a espinha dorsal do caminho para o sucesso. Essa aliança inquebrável entre persistência e conquista é evidenciada em figuras notáveis, como Steve Jobs, cofundador da Apple. A trajetória de Jobs é marcada por reviravoltas, fracassos e desafios que poderiam ter desencorajado muitos, mas sua resiliência e determinação persistente o diferenciaram.

Steve Jobs não apenas liderou a revolução tecnológica com produtos inovadores, mas também personificou a persistência. Sua capacidade de enfrentar críticas, superar obstáculos e perseverar em sua visão transformou a Apple em uma potência global. Esse exemplo ilustra vividamente como o sucesso muitas vezes é forjado nas chamas ardentes da perseverança.

A aliança entre perseverança e sucesso é mais do que uma simples correlação; é uma relação de causa e efeito. Aqueles que persistem diante de desafios não veem obstáculos como impedimentos, mas como oportunidades de aprendizado e crescimento. Em vez de sucumbir à pressão, eles encontram força na adversidade, moldando cada revés como um degrau em sua ascensão.

Assim, ao explorarmos essa aliança, somos convidados a refletir sobre nossa própria jornada. A resiliência não é um mero complemento ao sucesso; é o catalisador que transforma sonhos em realidade. Na próxima seção, aprofundaremos nossa compreensão sobre o papel fundamental da perseverança nas conquistas pessoais, desvendando como essa aliança impulsiona indivíduos a atingirem suas metas mais ousadas.

b) O Papel da Perseverança nas Conquistas Pessoais

Ao longo da história, inúmeras figuras inspiradoras demonstraram que o sucesso muitas vezes não está apenas ligado ao talento, mas à capacidade de persistir diante das adversidades. É na perseverança que encontramos a força necessária para superar desafios, aprender com fracassos e manter o curso mesmo quando o caminho se torna difícil.

Conquistar objetivos pessoais exige mais do que habilidades iniciais; é preciso uma mentalidade resiliente que veja os contratempos como oportunidades de aprendizado e crescimento. Aqueles que abraçam a perseverança estão mais propensos a transformar obstáculos em degraus para o sucesso.

Durante muito tempo, alimentei sonhos, mas minha mentalidade não estava alinhada com a conquista deles. Desistir tornou-se um hábito fácil, e eu criava histórias para justificar meu suposto fracasso pessoal.

Antes de me tornar advogado e iniciar minha jornada na administração pública, vivi a realidade de ser um separador de cargas no terminal de cargas do aeroporto de Manaus. Muitos viam aquele lugar como o fim de suas carreiras, mas eu enxergava como um ponto de partida. Enfrentei o comodismo, as palavras desencorajadoras e a zombaria. Persisti, continuando meus estudos, lendo livros inspiradores e buscando exemplos de sucesso que pudessem me impulsionar. Cerquei-me de pessoas fora do ambiente de trabalho, que se tornaram fontes constantes de inspiração e motivação, encorajando-me a perseguir meus propósitos.

Hoje, além de advogado, trilho um caminho como Coach, analista de perfil comportamental adulto e infantil, palestrante, escritor. Acredito firmemente que esta jornada é apenas o começo de uma história repleta de realizações.

Falando de outros nomes bem conhecidos da cultura brasileira, encontramos histórias inspiradoras de indivíduos que, por meio de uma determinação inabalável, transcenderam obstáculos e conquistaram notoriedade em seus campos de atuação. Ayrton Senna, Luiza Helena Trajano, Tarsila do Amaral e Sílvio Santos são nomes que ecoam como testemunhos vivos da poderosa aliança entre perseverança e sucesso. Em suas jornadas, enfrentaram desafios, críticas e momentos de incerteza, mas sua resiliência inquebrável e comprometimento com suas paixões os elevaram a patamares excepcionais. Essas trajetórias não apenas ilustram a força individual, mas também refletem a riqueza e diversidade do espírito empreendedor brasileiro.

Ayrton Senna, o tricampeão mundial de Fórmula 1 enfrentou desafios e críticas em sua carreira, mas sua paixão pelo automobilismo e sua dedicação aos treinos o tornaram uma lenda do esporte.

Como presidente do Magazine Luiza, Luiza Trajano enfrentou obstáculos no início de sua carreira, mas sua visão empreendedora e determinação a levaram a transformar a empresa em uma das maiores redes varejistas do Brasil.

A renomada pintora modernista brasileira Tarsila do Amaral enfrentou resistência e críticas em uma época em que o cenário artístico era dominado por padrões tradicionais. Sua persistência a levou a se tornar uma figura central no movimento modernista brasileiro.

De camelô a empresário de sucesso, Sílvio Santos enfrentou dificuldades financeiras no início de sua vida. Sua persistência e criatividade o levaram a fundar o Grupo Silvio Santos, com atuações em diversas áreas, incluindo mídia e varejo.

Esses exemplos destacam como a perseverança é uma característica fundamental para alcançar o sucesso em diversas áreas da vida, independentemente das adversidades enfrentadas.

c) Lições do Fracasso: Sucesso em Meio às Quedas

No complexo cenário dos empreendimentos, as histórias de resiliência e superação de empreendedores brasileiros são fontes ricas de inspiração.

Abílio Diniz, um dos empresários mais proeminentes do Brasil, vivenciou uma série de desafios ao longo de sua notável carreira. Além de ter sido vítima de um sequestro em 1989, Diniz enfrentou obstáculos significativos no mundo dos negócios. No entanto, sua resiliência e determinação o levaram a superar essas adversidades. O empresário não apenas reergueu seus empreendimentos após crises econômicas, mas também diversificou seus investimentos, estabelecendo-se como uma figura central no cenário empresarial brasileiro.

Jorge Paulo Lemann, cofundador da 3G Capital e conhecido por suas bem-sucedidas incursões nas indústrias de cerveja e alimentos, também é um exemplo inspirador de perseverança. Antes de alcançar o sucesso, Lemann enfrentou reveses significativos. Sua primeira incursão no setor financeiro não foi bem-sucedida, resultando em perdas substanciais. No entanto, ele aprendeu com essas experiências e, ao lado de seus parceiros de negócios, transformou seus desafios em oportunidades. Através da aquisição de empresas icônicas, como a Anheuser-Busch InBev, Lemann solidificou sua posição como um dos empresários mais influentes do Brasil, destacando a importância da resiliência diante do fracasso.

Esses exemplos brasileiros revelam que o caminho para o sucesso muitas vezes é pavimentado com fracassos e desafios. A capacidade de aprender com as quedas, adaptar-se às circunstâncias em constante mudança e persistir incansavelmente são características essenciais que distinguem os verdadeiros líderes empresariais.

A Bíblia está repleta de personagens cujas vidas refletem lições valiosas sobre superação de fracassos e adversidades.

Um dos apóstolos mais próximos de Jesus, Pedro, enfrentou um momento de grande fracasso ao negar conhecer o Mestre durante os eventos que antecederam a crucificação. No entanto, sua história é marcada pela redenção. Após a ressurreição de Jesus, Pedro experimentou a restauração e tornou-se uma figura-chave na propagação do Evangelho, destacando a possibilidade de sucesso após falhas.

Davi, o renomado rei de Israel, teve um episódio de fracasso moral ao se envolver com Bate-Seba. As consequências desse erro foram significativas, mas sua busca sincera por arrependimento e restauração demonstra como é possível superar quedas. Ele se tornou um líder justo e é lembrado como um dos maiores reis de Israel.

A história de José no Antigo Testamento é um exemplo notável de perseverança. Vendido como escravo por seus próprios irmãos, José enfrentou numerosos desafios e injustiças. No entanto, sua resiliência e fidelidade a Deus o levaram da prisão ao papel de governador do Egito, destacando como as quedas podem ser trampolins para o sucesso.

Moisés, inicialmente, cometeu um assassinato por impulso, o que o levou a um período de exílio. No entanto, Deus o chamou através da sarça ardente para liderar os israelitas à liberdade. Moisés superou seu passado sombrio para se tornar um dos maiores líderes da história bíblica.

Gideão inicialmente duvidou da capacidade de liderar os israelitas contra os midianitas. No entanto, após encontrar coragem e confiança em Deus, ele conduziu um pequeno exército a uma vitória surpreendente, ilustrando como a perseverança pode superar dúvidas pessoais.

Maria Madalena foi inicialmente retratada como endemoninhada, mas encontrou libertação e redenção através do encontro com Jesus. Tornou-se uma discípula devota, presente nos momentos cruciais da vida de Cristo, ressaltando como a transformação pode surgir mesmo nas circunstâncias mais sombrias.

Tomé, conhecido por duvidar da ressurreição de Jesus, passou de cético a um seguidor fervoroso. Sua jornada destaca como a fé pode superar a incredulidade, mostrando que mesmo aqueles que enfrentam dúvidas podem encontrar redenção.

Antes de sua conversão, Paulo, conhecido como Saulo, perseguia os seguidores de Jesus. Sua participação na morte de Estêvão poderia ter sido vista como um grande fracasso. No entanto, sua transformação após encontrar Jesus na estrada de Damasco o levou a se tornar um dos apóstolos mais prolíficos, pregando incansavelmente o Evangelho.

Essas histórias de resiliência ilustram que o fracasso não é o ponto final, mas uma oportunidade para a redenção e crescimento espiritual. Cada personagem enfrentou quedas significativas, mas, através da graça divina e de sua própria resiliência, alcançaram sucessos notáveis.

d) O Equilíbrio Delicado: Saber Persistir e Adaptar-se

Na vida, deparamo-nos com a complexidade da resiliência inteligente, um equilíbrio delicado entre a firmeza na persistência e a flexibilidade na adaptação. Este intricado equilíbrio define a arte de navegar pelos desafios com discernimento e sabedoria. É um reconhecimento de que a vida é dinâmica, com obstáculos que podem demandar abordagens diversas.

A resiliência inteligente transcende a mera obstinação e revela-se como uma habilidade refinada de compreender a dinâmica e mutabilidade do caminho que percorremos na jornada da vida. Longe de ser uma força de vontade inflexível, ela abraça a noção de que as circunstâncias podem mudar, e com isso, nossas abordagens e estratégias também devem ser maleáveis.

Em vez de resistir cegamente aos ventos da mudança, a resiliência inteligente convida a uma percepção aguçada, à capacidade de discernir quando é necessário ajustar a trajetória. Essa abordagem sábia reconhece que, em determinadas situações, a rigidez pode ser um obstáculo, e a flexibilidade se torna a chave para superar desafios de maneira mais eficaz.

firmeza na confiança possibilita enfrentar adversidades com esperança e coragem, sabendo que, mesmo em meio às tribulações, Deus é soberano.

A influência da perseverança na vida cristã se manifesta em diversas dimensões. Primeiramente, ela é um testemunho vivo da fé em ação, uma luz que brilha mesmo nas situações mais escuras. "Vocês são a luz do mundo. Assim brilhe a luz de vocês diante dos outros, para que vejam as boas obras de vocês e glorifiquem o Pai de vocês, que está nos céus." (Mateus 5:14,16)

Ao perseverar, o cristão demonstra ao mundo que sua confiança em Deus transcende circunstâncias e que a esperança cristã não é abalada pelas tempestades.

Além disso, a perseverança na fé inspira outros a seguirem o mesmo caminho. Quando observam a resiliência diante das dificuldades, aqueles ao redor são encorajados a refletirem sobre sua própria jornada espiritual. A influência da perseverança se estende como uma correnteza, tocando corações e motivando outros a buscarem uma fé mais profunda e sólida. "Considere a paciência de Jó. Vocês já ouviram a respeito da paciência dele e viram o fim que o Senhor lhe deu, porque o Senhor é cheio de terna misericórdia e compassivo." (Tiago 5:11)

Na vida cristã, a perseverança não é apenas uma virtude pessoal; é um instrumento de transformação e um canal de bênçãos para a vida de outras pessoas. Ela promove a unidade, fortalece os laços fraternos e solidifica a base espiritual da comunidade cristã.

Em última análise, a influência da perseverança na vida cristã é uma fonte constante de renovação espiritual, sua importância transcende a esfera individual, impactando não apenas o próprio crente, mas também aqueles que testemunham essa jornada de fé.

A firmeza na confiança, o testemunho vivo da esperança e a influência inspiradora são elementos fundamentais que solidificam a relevância da perseverança no contexto cristão.

Ao escolher persistir na fé, o cristão não apenas edifica sua própria

A resiliência inteligente, portanto, é mais do que perseverar a qualquer custo; é adaptar-se com discernimento, é compreender que o sucesso muitas vezes requer não apenas coragem para seguir em frente, mas também a humildade de reconhecer quando é hora de mudar de curso. Nessa compreensão profunda da natureza do caminho, encontra-se a verdadeira essência da resiliência inteligente.

A maestria está em saber quando permanecer firme, enfrentando as tempestades de frente, e quando ajustar as velas para contornar novos desafios. A resiliência inteligente não se aferra teimosamente a estratégias que perderam sua eficácia, mas reconhece a necessidade de adaptação. Moldar o caminho para o sucesso requer não apenas tenacidade, mas também a sabedoria de discernir quando a mudança é necessária.

Assim, a resiliência inteligente emerge como um farol, iluminando não apenas o caminho, mas também os corações e mentes que compreendem a importância de persistir com inteligência. É um convite à flexibilidade sem perder de vista o destino final, uma dança habilidosa entre a coragem de enfrentar e a humildade de ajustar-se. Este é o equilíbrio delicado que transforma a resiliência em uma jornada não apenas de força, mas também de sabedoria.

e) A Influência da Perseverança na vida cristã

Perseverar na fé cristã é muito mais do que um ato de resistência; é uma escolha consciente de permanecer firme nos princípios divinos mesmo diante das tempestades da vida. Essa persistência na jornada cristã não apenas fortalece o indivíduo, mas também impacta positivamente aqueles ao seu redor, gerando uma influência transformadora.

A fé cristã é intrinsecamente ligada à perseverança, pois envolve confiança inabalável em Deus e na Sua promessa de guiar e sustentar. "O Senhor é bom para os que esperam por ele, para a alma que o busca." (Lamentações 3:25)

Quando os desafios surgem, a perseverança na fé não se baseia apenas na força humana, mas na certeza da fidelidade divina. Essa espiritualidade, mas também contribui para a construção de uma comunidade cristã resiliente, vibrante e repleta da graça divina.

A persistência na vida cristã não é apenas uma resposta às adversidades, mas uma expressão contínua de confiança na fidelidade de Deus e um farol que ilumina o caminho para outros buscadores da verdade.

Que essa jornada de perseverança seja uma constante fonte de inspiração, renovando-o diariamente para viver de acordo com os princípios divinos e desfrutar da plenitude da vida cristã. "Sejamos firmes, inabaláveis e sempre abundantes na obra do Senhor, sabendo que, no Senhor, o nosso trabalho não é vão." (1 Coríntios 15:58)

Vida Abundante: Os Dividendos da Persistência

A persistência na jornada da vida não apenas molda nosso caráter, mas também oferece uma série de benefícios significativos.

Espiritualmente, a perseverança nos aproxima da compreensão mais profunda do propósito divino para nossas vidas. Em momentos de desafio, a fé se fortalece, e a conexão espiritual se aprofunda. A confiança em Deus cresce à medida que experimentamos Sua fidelidade em meio às adversidades.

A espiritualidade está intrinsecamente ligada à jornada da vida, pois ela encontra na perseverança uma via que nos conduz a uma compreensão mais profunda do propósito de Deus para nossas existências.

Nos momentos desafiadores, quando somos testados por adversidades, a fé emerge como uma força resiliente, capaz de enfrentar as incertezas e as tempestades. É nesses momentos que a verdadeira conexão espiritual se revela e se aprofunda.

A prática da perseverança espiritual implica não apenas em manter uma fé estática, mas em fortalecê-la diante das tribulações. Em meio às dificuldades, somos desafiados a confiar na fidelidade de Deus. Cada desafio superado se torna um testemunho vivo de Sua presença constante em nossas vidas. A confiança que cultivamos em Deus cresce proporcionalmente à experiência de Sua fidelidade, criando uma base sólida para enfrentar os desafios futuros com coragem e esperança.

Ao perseverar espiritualmente, não apenas resistimos aos ventos contrários da vida, mas também nos aproximamos do cerne do propósito divino para nossas vidas. A jornada espiritual se torna um caminho de descoberta contínua, onde a resiliência nos permite transcender as limitações humanas e vislumbrar as promessas divinas. É no processo de perseverança que somos moldados à imagem do propósito celestial, encontrando significado e direção em cada passo da jornada.

Os benefícios práticos da perseverança permeiam diversas esferas da vida, proporcionando resultados notáveis. No âmbito profissional, a determinação incansável é muitas vezes a força propulsora por trás do progresso e do sucesso. Aqueles que persistem em suas metas, mesmo diante dos desafios, encontram oportunidades de crescimento e avanço em suas carreiras. A resiliência no ambiente de trabalho não apenas demonstra dedicação, mas também eleva a qualidade do trabalho realizado, refletindo-se em conquistas significativas.

Nos relacionamentos, a perseverança se revela como um alicerce sólido. O comprometimento em superar obstáculos e a resiliência diante das adversidades fortalecem os laços afetivos. Quando as dificuldades surgem, aqueles que perseveram em seus relacionamentos mostram não apenas a vontade de permanecer, mas também a capacidade de enfrentar desafios juntos, consolidando conexões duradouras.

Além disso, a persistência contribui para o desenvolvimento de habilidades fundamentais. A paciência, adquirida ao enfrentar obstáculos com resiliência, é uma virtude que transforma a maneira como lidamos com circunstâncias difíceis. A gratidão se manifesta quando reconhecemos as bênçãos que surgem ao longo da jornada perseverante, e a empatia floresce à medida que compreendemos as lutas alheias. Assim, a perseverança não apenas impacta o caminho para o sucesso, mas também enriquece a jornada cotidiana, moldando-nos em indivíduos mais completos e compassivos.

    A vida plena e significativa que buscamos está diretamente ligada à nossa capacidade de perseverar. Cada desafio superado, cada obstáculo enfrentado, contribui para a construção de uma narrativa rica em experiências e aprendizados. A perseverança não apenas nos leva à realização de metas, mas também nos presenteia com uma profunda apreciação pela jornada em si. A vida se torna significativa quando abraçamos a resiliência como uma aliada constante, transformando desafios em oportunidades e construindo um caminho repleto de propósito e significado.

CAPÍTULO 7
DISCIPLINA: O ALICERCE DO SUCESSO
Moldando Hábitos Poderosos

Nenhuma disciplina parece ser motivo de alegria no momento; pelo contrário, é motivo de tristeza. Mais tarde, porém, produz fruto de justiça e paz para aqueles que têm sido treinados por ela.
Hebreus 12:11 (Versão Almeida)

A disciplina, muitas vezes considerada a estrada menos percorrida, é, na verdade, o caminho mais direto para o sucesso duradouro. Neste capítulo, mergulharemos fundo na compreensão de como a disciplina cria alicerces sólidos mesmo nos momentos mais desafiadores da jornada.

Exploraremos como a construção de hábitos poderosos é crucial para sustentar o crescimento contínuo, a superação de obstáculos e o alcance de metas significativas. Vamos descobrir como a disciplina não é uma imposição severa, mas sim um guia sábio que nos conduz pelos caminhos da excelência e realizações extraordinárias.

A Arte da Autodisciplina: Forjando o Próprio Destino

A autodisciplina emerge como uma ferramenta poderosa, uma expressão de amor-próprio que molda o destino de maneira singular. Enquanto muitos podem ver a autodisciplina como uma imposição rigorosa, ela é, na verdade, um presente que oferecemos a nós mesmos.

A arte de cultivar a autodisciplina nos faz entender como ela se torna a força motriz que nos impulsiona em direção ao sucesso desejado. Ao forjar nosso próprio destino, abrimos as portas para a realização de sonhos e metas aparentemente inatingíveis.

A autodisciplina é intrinsecamente ligada ao ato de amor-próprio, constituindo uma manifestação concreta de cuidado consigo mesmo. Em um mundo agitado e cheio de distrações, reservar tempo e energia para cultivar hábitos disciplinados é, em essência, um presente que oferecemos a nós mesmos. Ao abraçar a autodisciplina como uma expressão de amor-próprio, reconhecemos o nosso valor e a importância de investir em nosso próprio crescimento e bem-estar.

A autodisciplina começa com o reconhecimento de que somos indivíduos únicos, dotados de potenciais extraordinários. Ao praticarmos a autodisciplina, estamos afirmando que merecemos o melhor, que nossos objetivos e aspirações merecem ser buscados com empenho e dedicação.

Importante entender que amar a si mesmo através da autodisciplina envolve encontrar o equilíbrio entre a gratificação imediata e as recompensas duradouras. Embora seja tentador ceder a impulsos momentâneos, o verdadeiro amor-próprio orienta-nos a considerar o impacto a longo prazo de nossas escolhas.

Entendendo isso, enxergo a autodisciplina como uma maneira de estabelecer limites saudáveis em nossas vidas. Ao dizer "não" a comportamentos prejudiciais e distrativos, estamos dizendo "sim" a uma versão mais fortalecida e resiliente de nós mesmos. Este ato de amor-próprio preserva nossa energia para investir nas coisas que verdadeiramente importam.

Amar a si mesmo através da autodisciplina também implica em cultivar a autocompaixão. Reconhecer que somos seres humanos passíveis de erros e aprender a lidar com nossas imperfeições com gentileza e compreensão é uma parte essencial desse processo.

O ato de amor-próprio através da autodisciplina é uma jornada contínua de autoaceitação e crescimento. Ao praticarmos, não apenas construímos um caminho para o sucesso, mas também nutrimos uma relação mais profunda e compassiva conosco mesmos. Este é o alicerce sólido sobre o qual podemos construir uma vida significativa e plena "Porque Deus não nos deu espírito de covardia, mas de poder, de amor e de equilíbrio." - 2 Timóteo 1:7

Cada escolha disciplinada é um passo na direção do destino que desejamos alcançar. A autodisciplina emerge como uma ferramenta poderosa para moldar o próprio destino. Ao assumirmos o controle de nossos hábitos e ações diárias, estamos, de fato, esculpindo o caminho que conduzirá ao nosso futuro desejado. O processo de moldar o destino por meio da autodisciplina envolve diversos aspectos cruciais: dentre os quais estão a definição de metas claras, persistência diante dos obstáculos, hábitos construtivos, aprendizado contínuo, adaptação e flexibilidade.

A autodisciplina direciona o foco para a definição de metas claras e alcançáveis. Ao identificar objetivos específicos, criamos um mapa que orienta nossas escolhas diárias. Essa clareza de propósito é fundamental para dar forma ao destino que almejamos.

A jornada em direção ao sucesso inevitavelmente encontrará desafios. A autodisciplina age como um escudo, oferecendo a resistência necessária para persistir diante das adversidades. Moldar o destino requer resiliência, e a autodisciplina é a chave para manter a perseverança mesmo nos momentos mais difíceis.

A repetição consistente de hábitos construtivos é parte essencial do processo de moldar o destino. A autodisciplina nos capacita a cultivar rotinas que impulsionam o crescimento pessoal e profissional. Cada escolha diária se torna um tijolo na construção do caminho que nos leva em direção às nossas aspirações.

O autodomínio inerente à autodisciplina abre espaço para o aprendizado contínuo. Moldar o destino não é apenas sobre alcançar metas, mas também sobre a evolução constante. A sede por conhecimento e melhoria pessoal se torna um motor que impulsiona a trajetória em direção ao sucesso.

O destino muitas vezes é permeado por mudanças inesperadas. A autodisciplina não apenas nos guia na rota planejada, mas também desenvolve a habilidade de se adaptar e ser flexível diante das curvas imprevistas da vida. Essa adaptabilidade é crucial para ajustar o curso sem perder de vista o destino final.

Moldar o destino através da autodisciplina é um ato consciente que exige comprometimento e esforço constante. Cada escolha disciplinada se torna um elemento esculpido na escultura de nossa jornada, formando um destino que reflete nossos valores, aspirações e a busca incessante por uma vida significativa.

Deste modo, a autodisciplina é o motor que impulsiona a jornada em direção ao sucesso. Ela não apenas forja o caminho, mas também serve como a energia vital que alimenta o progresso constante. Neste contexto, impulsionar-se em direção ao sucesso por meio da autodisciplina envolve elementos-chave que contribuem para o alcance de objetivos significativos.

A autodisciplina proporciona o autocontrole necessário para

direcionar conscientemente a atenção e a energia para as tarefas prioritárias. O foco resultante é como um feixe de luz concentrada que ilumina o caminho em direção ao sucesso, permitindo uma abordagem mais eficaz e eficiente. O salmista diz "A tua palavra é lâmpada que ilumina os meus passos e luz que clareia o meu caminho." (Salmo 119.105)

Ao contrário da motivação externa, muitas vezes efêmera, a autodisciplina nutre uma motivação interna duradoura. Ela é a chama constante que arde mesmo quando as circunstâncias se tornam desafiadoras. A motivação intrínseca impulsiona a pessoa em direção ao sucesso de maneira consistente e autossustentável.

A criação de rotinas produtivas é uma expressão prática da autodisciplina. Essas rotinas se tornam hábitos que, quando incorporados à vida diária, automatizam tarefas essenciais para o sucesso. O estabelecimento de rituais construtivos cria uma base sólida para impulsionar-se em direção aos objetivos almejados.

Procrastinação é um obstáculo comum no caminho do sucesso. A autodisciplina atua como um antídoto poderoso contra esse hábito prejudicial. Ao resistir à procrastinação e manter-se fiel aos compromissos estabelecidos, a pessoa impulsiona-se constantemente para frente, evitando armadilhas que possam atrasar o progresso.

Impulsionar-se em direção ao sucesso também envolve reconhecer e celebrar as pequenas vitórias ao longo do caminho. A autodisciplina permite uma apreciação consciente do progresso, motivando a pessoa a continuar avançando. Cada pequena conquista se torna um combustível adicional para o motor do sucesso.

Ao incorporar a autodisciplina em cada aspecto da jornada, a pessoa não apenas avança em direção ao sucesso, mas também experimenta a sensação gratificante de estar no controle do próprio destino sem esquecer que o coração do homem planeja, mas a resposta vem de Deus.

A autodisciplina, como um impulso constante, faz da busca pelo sucesso uma jornada contínua e recompensadora. Assim, cultivar a autodisciplina é um processo contínuo que requer prática consistente e um comprometimento consciente com o desenvolvimento pessoal. Aqui estão algumas sugestões valiosas para fortalecer a autodisciplina e impulsionar-se em direção ao sucesso:

1. Estabeleça metas claras e mensuráveis: Defina metas específicas e mensuráveis para orientar suas ações. Metas claras fornecem uma direção tangível, e a mensurabilidade permite avaliar o progresso ao longo do tempo.

2. Crie rotinas diárias: Estabeleça rotinas diárias que incorporem hábitos produtivos. A consistência das rotinas contribui para a automação de comportamentos desejados, fortalecendo a autodisciplina.

3. Priorize tarefas: Identifique e priorize tarefas com base em sua importância e urgência. A capacidade de focar nas atividades mais relevantes impede a dispersão de energia em direções menos produtivas.

4. Pratique a resiliência: Aprenda a lidar com os desafios e fracassos de maneira construtiva. A resiliência é uma aliada crucial da autodisciplina, ajudando a superar obstáculos e manter o foco no sucesso a longo prazo.

5. Estabeleça limites e aprenda a dizer não: Reconheça seus limites e aprenda a dizer não a compromissos que não contribuem para seus objetivos. Estabelecer limites é um ato de autodisciplina que preserva energia para prioridades essenciais.

6. Celebre pequenas conquistas: Reconheça e celebre as pequenas conquistas ao longo do caminho. A prática de reconhecimento fortalece a motivação intrínseca, alimentando a perseverança em direção aos objetivos maiores.

7. Busque apoio e mentoria: Compartilhe seus objetivos com amigos, familiares e principalmente com mentores. O suporte social pode fornecer encorajamento e responsabilidade, tornando mais fácil manter o compromisso com a autodisciplina.

8. Aprenda com os erros: Veja os erros como oportunidades de aprendizado. Em vez de desencorajarem, os erros podem ser catalisadores para aprimorar estratégias e fortalecer a autodisciplina.

9. Pratique a autorreflexão: Reserve tempo regularmente para a autorreflexão. Avalie suas ações, identifique áreas de melhoria e ajuste seu plano de ação de acordo com seus objetivos.

10. Faça coaching: O auxílio de um professional Coach o auxiliará de forma sistêmica trabalhando não apenas questões cognitivas, mas emocionais o que o ajudará a alcançar suas metas de forma rápida e eficiente eliminando crenças limitantes e mantendo o foco no que realmente importa para seu crescimento.

Ao incorporar essas sugestões na vida diária, a autodisciplina se torna uma ferramenta poderosa para forjar o próprio destino. Cultivar esse atributo não apenas impulsiona o sucesso, mas também transforma a jornada em uma experiência de crescimento constante.

A Construção de Hábitos Poderosos: O Poder da Repetição

O sábio conselho do livro de Deuteronômio 32:2 nos lembra da influência transformadora da repetição em nossas vidas: "Que o ensino deles caia como chuva sobre você; que as gotas grossas caiam sobre toda a sua vida." Esse princípio é especialmente relevante ao considerarmos a construção de hábitos poderosos.

Os hábitos, como a chuva que cai constantemente, têm o poder de moldar nosso terreno emocional e comportamental. Assim como gotas persistentes esculpem suavemente a paisagem, a repetição constante de comportamentos forma sulcos em nossa psique. Nesse processo, a criação de hábitos poderosos se torna uma ferramenta valiosa para a busca do sucesso a longo prazo.

A repetição é a força motriz por trás da formação de hábitos. Ao realizarmos consistentemente uma ação, seja ela positiva ou negativa, criamos caminhos neurológicos que facilitam a execução dessa atividade no futuro. Esse fenômeno neuroplástico é uma expressão tangível do ditado: "A prática leva à pcrfcição."

Estudos em psicologia comportamental indicam que a repetição é fundamental para a formação de hábitos. O modelo de aprendizagem comportamental, proposto por B.F. Skinner, destaca a importância da repetição e recompensa na criação de comportamentos automáticos.

Na neurociência, pesquisas sugerem que a repetição constante de comportamentos leva à neuroplasticidade, a capacidade do cérebro de se adaptar e mudar ao longo do tempo. Essa adaptação resulta na formação de caminhos neurais que facilitam a execução automática de ações repetidas.

Estudos de neuroimagem, como ressonância magnética funcional (FMRI), têm examinado as mudanças no cérebro associadas à formação de hábitos. Essas pesquisas geralmente destacam a importância da repetição na consolidação de padrões neurais relacionados a comportamentos habituais.

A psicologia do comportamento também oferece insights sobre a formação de hábitos por meio da repetição. O Modelo Transteórico de Mudança de Comportamento, por exemplo, destaca a fase de "manutenção", onde a repetição é crucial para a consolidação do novo comportamento como um hábito.

Algumas pesquisas aplicam princípios de formação de hábitos em ambientes clínicos, como a promoção de hábitos saudáveis em pacientes. A consistência e a repetição são frequentemente enfatizadas como estratégias eficazes para incorporar mudanças comportamentais duradouras.

Alguns métodos eficazes para a formação de hábitos saudáveis são:

1. Estabelecer metas claras e alcançáveis: Defina metas específicas e realistas ao incorporar novos hábitos. Metas alcançáveis fornecem uma base sólida para a construção de comportamentos duradouros.

2. Comece pequeno e aumente gradualmente: Inicie com passos

pequenos e progressivamente amplie a complexidade. Essa abordagem evita a sobrecarga inicial e permite a adaptação gradual.

3. Crie gatilhos visuais ou ambientais: Associe o novo hábito a gatilhos visuais ou ambientais específicos. Esses lembretes visuais facilitam a incorporação da prática na rotina diária.

4. Estabeleça uma rotina diária: Incorpore o hábito em uma rotina diária consistente. A consistência temporal contribui para a automação do comportamento desejado.

5. Celebre pequenas vitórias: Reconheça e celebre cada pequena conquista ao longo do caminho. O reconhecimento positivo fortalece a motivação intrínseca, tornando mais fácil manter a disciplina.

A formação de hábitos poderosos não apenas molda nosso comportamento diário, mas também serve como alicerces sólidos para o sucesso duradouro. Assim como a chuva persistente modela a paisagem, a repetição consistente de hábitos poderosos cria um terreno fértil para o florescimento pessoal e a conquista de objetivos a longo prazo. Ao compreendermos e aplicarmos o poder da repetição na construção de hábitos, pavimentamos o caminho para uma vida plena e significativa.

A Disciplina na Adversidade: Mantendo-se Firme Sob Pressão

Em meio à tempestade da adversidade, descobrimos a verdadeira essência da disciplina. Quando os ventos contrários sopram e as pressões da vida parecem insuportáveis, é nesse momento crítico que sua disciplina é verdadeiramente testada. Imagine a disciplina como o alicerce que sustenta sua jornada rumo ao sucesso.

Ao enfrentar desafios, é vital manter uma visão clara e definida do seu objetivo final. Cada desafio que você encontra é uma etapa fundamental na jornada em direção à realização.

Quando nos deparamos com desafios, muitas vezes a primeira reação é enxergá-los como barreiras intransponíveis, como se fossem pedras no caminho que nos impedem de avançar. No entanto, a verdadeira essência da disciplina é transformar essa perspectiva. Em vez de ver os desafios como obstáculos que nos impedem de alcançar nossos objetivos, devemos encará-los como oportunidades valiosas de crescimento.

Cada desafio traz consigo lições profundas e oportunidades de autodescoberta. Na superação dessas adversidades, desenvolvemos habilidades que não teríamos adquirido de outra forma. A resiliência se fortalece, a sabedoria se aprofunda e a capacidade de enfrentar futuros desafios é ampliada. Encarar os desafios como oportunidades de crescimento é adotar uma mentalidade que transforma cada revés em um trampolim para o sucesso.

Imagine um jardineiro que, ao se deparar com terreno rochoso, não enxerga apenas um solo infértil, mas uma oportunidade de melhorar a qualidade do solo. Ele entende que, ao remover as pedras, adubar a terra e semear as sementes certas, ele pode transformar um solo aparentemente inóspito em um jardim exuberante. Da mesma forma, ao enfrentarmos desafios, podemos cultivar nosso próprio jardim interior, repleto de crescimento, aprendizado e florescimento pessoal.

Encarar os desafios como oportunidades de crescimento não nega a realidade das dificuldades, mas muda nossa resposta a elas. Em vez de desânimo, desenvolvemos uma atitude proativa e perseverante. Cada desafio superado não apenas nos leva mais perto de nossos objetivos, mas também nos transforma, moldando-nos em versões mais fortes e resilientes de nós mesmos.

A disciplina não é uma rigidez inflexível, mas a capacidade de se adaptar às mudanças com resiliência. Em tempos de adversidade, ajuste suas estratégias, mas nunca perca de vista os princípios fundamentais que o guiam. Lembre-se de que a flexibilidade aliada à resiliência é uma combinação poderosa.

Buscar apoio é uma estratégia valiosa. Compartilhar seus desafios com mentores, amigos ou familiares não apenas alivia a carga, mas também oferece uma perspectiva valiosa. Nenhum de nós está sozinho na jornada, e a força de pessoas que realmente se importam com você e podem agregar valor à sua vida pode impulsioná-lo.

Cultive sempre uma mentalidade resiliente, este é um componente chave. Aceite que os contratempos fazem parte da jornada e veja cada desafio como uma oportunidade de aprendizado e crescimento pessoal.

A maneira como interpretamos e respondemos aos desafios é um fator determinante na construção da nossa resiliência mental. Em vez de encararmos os obstáculos como meros contratempos, devemos vê-los como oportunidades cruciais para fortalecer nossa mente e espírito. Cada desafio superado é um exercício para a resiliência, uma oportunidade de testar nossos limites e expandir nossas habilidades.

Ao adotarmos uma perspectiva que valoriza os desafios como catalisadores do crescimento, transformamos nossa resposta emocional diante das dificuldades. Em vez de sermos consumidos pelo desespero, nos tornamos mais inclinados a encarar os problemas como uma parte inevitável, porém gerenciável, da jornada. Essa mentalidade não apenas constrói nossa resiliência, mas também nutre a coragem necessária para enfrentar futuros desafios com determinação.

Imaginemos a resiliência mental como um músculo que se fortalece com o exercício constante. Cada desafio enfrentado, quando encarado com a mentalidade certa, é como uma repetição em um treino rigoroso. Com o tempo, nossa resiliência mental se desenvolve e se torna uma fonte poderosa de força interior. As adversidades não apenas deixam de nos derrubar, mas se transformam em oportunidades para demonstrar a tenacidade da nossa mente.

A forma como interpretamos os desafios molda não apenas a resiliência mental, mas também a qualidade da nossa jornada. Aprender a ver os desafios como impulsionadores do nosso crescimento pessoal é um passo crucial para desenvolver uma mentalidade resiliente e construir uma fundação sólida para o sucesso.

A incorporação da oração, meditação e a busca pela orientação divina por meio da leitura das escrituras sagradas desempenha um papel essencial na construção de disciplina, especialmente nos momentos desafiadores. Essas práticas oferecem uma perspectiva mais ampla, transcendendo as preocupações imediatas e proporcionando uma conexão mais profunda com algo maior do que nós mesmos.

A oração, como um diálogo íntimo com Deus, não apenas traz conforto nos momentos de adversidade, mas também fortalece nossa resiliência interior. Ao nos voltarmos para Deus, encontramos uma fonte constante de orientação que transcende as circunstâncias temporais. Isso nos lembra que não estamos sozinhos em nossas jornadas e que há uma sabedoria divina disponível para nos guiar.

A meditação, por sua vez, oferece um espaço para o silêncio interior, permitindo-nos cultivar a clareza mental e a tranquilidade em meio ao caos. Ao praticarmos a arte de silenciar as distrações externas, ganhamos uma perspectiva mais focada e equilibrada, essencial para manter a disciplina mesmo nas situações mais desafiadoras.

A leitura das escrituras sagradas adiciona uma dimensão mais profunda, fornecendo princípios e narrativas que inspiram, fortalecem e orientam. Essas fontes oferecem sabedoria atemporal que vai além das circunstâncias do momento, contribuindo para a formação de hábitos poderosos que sustentam a disciplina diária.

Em conjunto, essas práticas formam uma base sólida, não apenas para enfrentar os desafios, mas para cultivar uma disciplina que vai além do que é meramente externo. Ao incorporarmos a espiritualidade em nossa jornada, encontramos uma força duradoura que nutre a autodisciplina e nos guia em direção ao sucesso e à realização.

Lembre-se da promessa contida em Tiago 1:12, que nos diz que aqueles que perseveram sob provação colherão a coroa da vida. Cada desafio superado é uma etapa na direção dessa recompensa. Sua disciplina na adversidade não é apenas sobre superar obstáculos, mas também sobre transformar desafios em oportunidades de crescimento pessoal e espiritual. Mantenha-se firme, pois cada passo que você toma na adversidade é uma vitória em si mesma.

O Equilíbrio Essencial: Disciplina e Flexibilidade

Ao trilharmos o caminho da disciplina, é vital compreender que a verdadeira maestria reside na habilidade de equilibrar a disciplina com a flexibilidade. O planejamento meticuloso e a execução disciplinada são essenciais, mas também é crucial reconhecer a necessidade de se adaptar às mudanças inesperadas. Neste equilíbrio delicado, encontramos a verdadeira resiliência e a capacidade de prosperar em meio à incerteza.

O versículo "O coração do homem planeja o seu caminho, mas o Senhor lhe dirige os passos." (Provérbios 16:9) oferece uma perspectiva profunda sobre essa dinâmica. Ele nos lembra que, embora possamos fazer planos e seguir uma disciplina rigorosa, a orientação divina é fundamental para alcançar um equilíbrio sábio. A capacidade de ajustar nossos passos de acordo com a direção divina é uma manifestação da verdadeira flexibilidade, que não compromete, mas aprimora nossos objetivos.

No contexto do equilíbrio entre disciplina e flexibilidade, a imagem da árvore robusta que se dobra diante dos ventos fortes é poderosa e simbólica. Quando cultivamos disciplina em nossas vidas, construímos raízes profundas, representando a firmeza e a solidez em nossos propósitos. Contudo, a verdadeira maestria surge quando essas raízes são combinadas com a flexibilidade de galhos que se movem harmoniosamente com as mudanças.

Assim como a árvore que se inclina diante dos ventos fortes para não quebrar, a disciplina com flexibilidade nos capacita a nos adaptarmos sem perder nossa integridade essencial. Aceitamos as mudanças de curso, compreendendo que cada ajuste é uma manifestação da sabedoria de Deus, que muitas vezes nos guia por caminhos que, inicialmente, não compreendemos.

O coração que planeja com disciplina e aceita as direções inesperadas demonstra uma confiança profunda na sabedoria superior e infindável de Deus. Cada passo, mesmo quando ajustado, é moldado por essa sabedoria, que transcende nossas limitações humanas. Essa abertura para a orientação divina não apenas nos mantém resilientes diante das mudanças, mas também enriquece nossa jornada com uma sabedoria que vai além de nossa compreensão. Confiar que mesmo nos ajustes, estamos seguindo um plano divino é a essência de viver com propósito e resiliência, sabendo que somos guiados por algo maior do que nós mesmos.

Esse equilíbrio essencial não apenas nos permite manter a direção, mas também nos capacita a prosperar nas mudanças de vento, transformando obstáculos em oportunidades. Ao abraçarmos a disciplina com flexibilidade, criamos não apenas um caminho bem pavimentado, mas um caminho que se ajusta às curvas e reviravoltas da jornada, revelando a verdadeira arte de viver com propósito e resiliência.

O Poder Transformador da Disciplina na Vida Espiritual

Ao explorarmos o poder transformador da disciplina na vida espiritual, encontramos uma jornada que vai além das práticas cotidianas; é uma busca constante pela presença divina. Assim como a água molda a pedra ao longo do tempo, a disciplina na vida espiritual nos transforma gradualmente, suavizando as arestas e revelando a essência mais profunda de nossa conexão com Deus.

O versículo "Por isso, também, nos esforçamos para lhe sermos agradáveis, quer presentes, quer ausentes" (2 Coríntios 5:9) ressoa como um lembrete de que nossa busca pela disciplina espiritual não é apenas um esforço isolado, mas uma expressão constante de nossa devoção a Deus. É uma busca para agradá-Lo não apenas nos momentos de oração e reflexão, mas em cada aspecto de nossas vidas, presentes ou ausentes, conscientes de Sua presença constante.

Nossa vida espiritual é como um jardim que cultivamos com a disciplina constante. A oração, meditação e o estudo das escrituras sagradas são as sementes que plantamos regularmente nesse solo fértil. Cada ato disciplinado é um gesto de cuidado, uma rega diária que nutre as raízes de nossa fé.

A disciplina espiritual não apenas fortalece nossa conexão com Deus, mas também funciona como um processo de lapidação de nosso ser interior. Assim como um escultor habilidoso molda a pedra para revelar uma obra de arte, a disciplina molda nossos corações, esculpindo-nos em seres mais compassivos e amorosos. A oração nos torna sensíveis às necessidades dos outros, a meditação acalma a turbulência interna, e o estudo das escrituras ilumina nosso caminho com a sabedoria divina.

Cada ato disciplinado é um tijolo na construção de uma vida espiritual significativa. A jornada é mais do que agradar a Deus; é sobre nos tornarmos cocriadores de um mundo mais compassivo, amoroso e alinhado com a vontade divina. À medida que refletimos a luz de Deus no mundo ao nosso redor, descobrimos que a disciplina espiritual não é apenas uma prática, mas uma transformação contínua que nos torna a melhor expressão de nossa essência espiritual, pois nos torna mais semelhantes ao caráter de Cristo.

O Legado da Disciplina: Impacto Além de uma Vida

Cada ato disciplinado é uma contribuição para um legado que ultrapassa os limites de nossa existência. A disciplina não apenas molda nosso presente, mas deixa uma marca indelével que ecoa através do tempo. O Salmo 90:12 nos ensina a contar nossos dias, a reconhecer a preciosidade do tempo que nos foi dado.

Ao longo da história, líderes e visionários cristãos deixaram um impacto duradouro não apenas por suas realizações, mas principalmente pelo legado transformador que construíram através da disciplina. São exemplos que transcendem suas épocas, influenciando gerações sucessivas a trilharem o caminho da fé, determinação e amor ao próximo.

Agostinho de Hipona (354-430 d.C.), conhecido como Santo Agostinho, teólogo e filósofo cristão foi uma figura proeminente na Igreja Católica. Sua obra "Confissões" é um testemunho eloquente de sua jornada espiritual, marcada por uma disciplina fervorosa na busca pela verdade divina.

Billy Graham (1918-2018), renomado evangelista cristão dedicou sua vida a compartilhar a mensagem do Evangelho em todo o mundo.

Seu legado é um testemunho da disciplina persistente em seguir a missão de levar a esperança e a salvação a milhões de pessoas.

C. S. Lewis (1898-1963), renomado autor e acadêmico britânico, conhecido por obras como "As Crônicas de Nárnia" e "Mero Cristianismo", demonstrou disciplina em sua dedicação à apologética cristã. Sua capacidade de articular e defender a fé cristã influenciou e influencia gerações.

Corrie ten Boom (1892-1983), uma sobrevivente do Holocausto, juntamente com sua família, ajudou a muitos judeus durante a Segunda Guerra Mundial. Sua disciplina na prática da fé, mesmo em circunstâncias extremas, é um testemunho inspirador.

Dietrich Bonhoeffer (1906-1945) - Pastor e teólogo alemão, Bonhoeffer foi uma voz proeminente contra o regime nazista. Sua disciplina na defesa da justiça e sua coragem ao resistir ao regime totalitário custaram-lhe a vida, mas seu legado continua a inspirar a luta pela liberdade e justiça.

O impacto desses indivíduos vai além de suas próprias vidas. Eles inspiraram gerações subsequentes a trilhar o caminho da disciplina, a compreender que cada ato disciplinado é um investimento no futuro. Ao contar os dias com sabedoria, esses líderes modelaram uma abordagem de vida que transcende o individualismo e busca a edificação coletiva.

O legado da disciplina é uma herança que nutre corações sábios, iluminando o caminho para aqueles que estão dispostos a seguir os passos daqueles que ousaram viver com propósito e determinação. Assim, concluímos este capítulo, reconhecendo que, ao cultivarmos a disciplina, não só transformamos nossas vidas, mas participamos da construção de um legado que continua a ecoar através dos séculos.

CAPÍTULO 8
FOCO INABALÁVEL: VENCENDO AS DERROTAS INTERNAS
Concentrando Energias na Direção Certa

> Mantenham o pensamento nas coisas do alto,
> e não nas coisas terrenas.
> Colossenses 3:2

Em meio às batalhas internas que enfrentamos, este capítulo surge como um farol de esperança, guiando-nos para além das derrotas internas que todos enfrentamos. Ao encarar as adversidades como oportunidades de crescimento, descobrimos a essência de um foco inabalável.

Com base no versículo inspirador de Colossenses 3:2, que nos exorta a manter nossos pensamentos nas coisas do alto, vamos explorar como a bíblia pode ser nosso guia na jornada de vencer as batalhas internas. Que este capítulo seja uma fonte de inspiração, motivando-nos a concentrar nossas energias na direção certa, independentemente das circunstâncias temporais.

A Perspectiva Divina: Enxergando Além das Derrotas

Em meio às derrotas internas, a visão muitas vezes se torna turva, limitada pelas emoções e dificuldades do momento. No entanto, a perspectiva divina é a lente que nos permite enxergar além dessas derrotas, compreendendo que, mesmo nas situações mais desafiadoras, Deus está atuando em nosso favor.

A Palavra de Deus é mais do que um conjunto de ensinamentos; é uma fonte dinâmica de sabedoria que ilumina os caminhos da vida. Nos momentos mais sombrios, ela não apenas nos orienta, mas também oferece conforto inigualável. Assim como uma luz brilhante em um túnel escuro, as Escrituras dissipam as sombras da incerteza e do desespero.

Ao abrirmos os olhos da fé, transcenderemos as circunstâncias imediatas e começaremos a enxergar além das derrotas. A Palavra nos convida a compreender que cada adversidade, por mais desafiadora que seja, carrega consigo uma oportunidade de crescimento. Essa perspectiva transformadora nos leva a perceber que nossas derrotas não são becos sem saída, mas portas para novas possibilidades.

Assim como um jardineiro poda as plantas para que cresçam mais fortes e saudáveis, Deus utiliza as derrotas em nossas vidas como uma oportunidade de poda. Ele vê além do imediato e entende que, por meio das dificuldades, podemos desenvolver a resiliência, a paciência e a confiança em Sua graça transformadora.

Ao encararmos as derrotas, abracemos a convicção de que, nas entrelinhas de nossas lutas, há uma partitura divina sendo escrita. Cada nota discordante é, na verdade, uma preparação para uma sinfonia de crescimento e superação. O foco nas verdades eternas da Palavra de Deus nos capacita a ver a beleza que se esconde por trás de cada derrota, transformando-as em oportunidades de crescimento e amadurecimento espiritual.

A perspectiva divina é uma lente pela qual podemos enxergar além das circunstâncias temporárias que, por vezes, tentam nos aprisionar. É a compreensão de que nossa trajetória não está simplesmente nas mãos das variáveis passageiras da vida, mas é, em última instância, moldada pela graça incessante de Deus.

Muitas vezes, somos tentados a deixar que os momentos difíceis determinem nossa jornada, permitindo que as derrotas momentâneas definam nossa identidade e propósito. No entanto, a perspectiva divina nos convida a transcender essa visão limitada, reconhecendo que as circunstâncias não têm o poder final sobre nós.

A graça de Deus é como um fio condutor que permeia todas as áreas de nossa existência. Ela molda nossa trajetória, mesmo quando as curvas e declives parecem desafiar a continuidade do caminho. Ao invés de sermos vítimas de circunstâncias adversas, somos moldados e guiados pela mão amorosa do Criador.

Essa compreensão divina nos liberta da prisão das derrotas, permitindo-nos avançar com esperança e confiança. Não somos meros espectadores das nossas vidas, mas participantes ativos de uma narrativa que transcende o visível.

A graça de Deus é um constante convite para uma jornada de transformação, onde as derrotas são apenas capítulos, não o epílogo da nossa história. Portanto, mantenhamos o foco na graça que molda, restaura e redireciona nossa trajetória, independentemente das circunstâncias temporárias que possam surgir.

Orar por uma visão renovada é abrir-se para a orientação divina, reconhecendo que nossa compreensão humana muitas vezes é limitada. Pedir a Deus para revelar Seu propósito nas adversidades é um ato de humildade e confiança, depositando nas mãos divinas a capacidade de enxergar além das aparências momentâneas.

Nossas orações não são apenas uma forma de comunicar nossos anseios a Deus, mas também um convite para que Ele compartilhe Sua perspectiva conosco. Ao buscarmos uma visão renovada nas orações, estamos buscando os olhos de Deus para entendermos Sua narrativa mais ampla em meio às derrotas.

Quando essa visão renovada é concedida, somos presenteados com clareza. Enxergamos além das superfícies das derrotas e percebemos que, sob a mão soberana de Deus, cada desafio pode se tornar um instrumento de transformação. As adversidades se revelam como oportunidades disfarçadas, capazes de esculpir em nós virtudes como paciência, perseverança e confiança inabalável.

Ao orarmos por essa visão renovada, convidamos Deus a guiar nosso olhar para além das limitações do momento presente. Ele nos mostra que, mesmo nas derrotas, Ele está trabalhando ativamente em nossa história, tecendo os fios de propósito e redenção. Essa clareza transforma nossa perspectiva, permitindo-nos encarar as derrotas como parte integrante de uma narrativa divina que culmina em vitória.

A resiliência espiritual, nascida da compreensão profunda, é a força que nos impulsiona mesmo nas horas mais sombrias. Compreender que, mesmo nas derrotas, Deus está ativamente tecendo uma narrativa de esperança e restauração é a chave para manter nossa fé inabalável.

Ao reconhecermos que nossas derrotas não são finais, mas sim capítulos temporários em nossa jornada, somos capacitados a enfrentar os desafios com uma confiança intrépida. Deus, como o autor da nossa história, está constantemente escrevendo além das linhas aparentes do fracasso. Cada derrota é transformada em um ponto de virada, uma oportunidade para que Deus revele Sua graça redentora.

A resiliência spiritual não é simplesmente resistir passivamente às derrotas, mas abraçar ativamente a crença de que Deus é capaz de transformar o lamento em alegria, a desolação em restauração.

Ao entender que cada página de nossa vida está nas mãos do Mestre Autor, encontramos força para continuar sabendo que o final será glorioso, conforme Ele prometeu.

A resiliência espiritual é ancorada na esperança que só Deus pode proporcionar, permitindo-nos permanecer firmes, mesmo quando as ondas das derrotas ameaçam nos envolver.

Foco nas Coisas do Alto: A Força da Centralidade em Deus

O princípio bíblico de "Focar nas Coisas do Alto" é um guia poderoso para nossa jornada, especialmente quando enfrentamos derrotas internas. Colossenses 3:2 nos instiga a não apenas direcionar, mas centralizar nossas mentes nas coisas do alto. Essa centralidade em Deus é uma fonte inesgotável de esperança e força.

Como um coach cristão, eu incentivo você a considerar a prática regular da oração e meditação como ferramentas vitais para direcionar sua mente para essa verdadeira fonte de inspiração.

A prática da oração é delineada em Filipenses 4:6-7: "Não andeis ansiosos por coisa alguma; antes, as vossas petições sejam em tudo conhecidas diante de Deus, pela oração e súplicas, com ações de graças. E a paz de Deus, que excede todo o entendimento, guardará os vossos corações e as vossas mentes em Cristo Jesus." Aqui, encontramos não apenas a importância da oração, mas a promessa de uma paz que transcende nossa compreensão.

A meditação nas Escrituras é respaldada por Josué 1:8: "Não se aparte da tua boca o livro desta Lei, antes, medita nele dia e noite, para que tenhas cuidado de fazer segundo tudo quanto nele está escrito; então, farás prosperar o teu caminho e serás bem-sucedido." Ao mergulharmos nas verdades eternas, somos lembrados da fidelidade de Deus, de Seu amor incondicional e das promessas que Ele nos fez. Essa prática constante nos ajuda a redefinir nossa perspectiva, capacitando-nos a enfrentar as derrotas com a certeza de que somos mais que vencedores Nele.

Ao manter nosso foco nas coisas do alto, reconhecemos que nossa força não provém de nossas próprias habilidades ou circunstâncias, mas da fonte divina que nos ama incondicionalmente. Estamos, essencialmente, admitindo nossa dependência de Deus, entendendo que é por meio da Sua orientação, graça e poder que podemos superar qualquer desafio que se apresente.

Essa centralidade em Deus não é apenas uma estratégia para lidar com as adversidades; é uma transformação de perspectiva que redefine nossa identidade e propósito. Ao invés de confiar exclusivamente em nossa capacidade limitada, depositamos nossa confiança no Deus ilimitado, que conhece nossas fraquezas, mas também conhece o potencial que Ele mesmo colocou em nós.

Essa mudança de foco infunde cada passo de nossa jornada com propósito e significado. Cada desafio, cada vitória, e até mesmo cada derrota são integrados a uma narrativa mais ampla e divinamente orquestrada. A centralidade em Deus nos conecta a uma fonte inesgotável de amor, sabedoria e poder, tornando nossa jornada não apenas mais suportável, mas profundamente significativa. É um reconhecimento humilde de que, por trás de cada aspecto de nossa vida, há uma história maior sendo contada pelo Autor da Vida.

A Jornada Interior: Transformando Desafios em Oportunidades

A jornada interior é uma viagem fascinante e desafiadora, onde enfrentamos nossos medos, dúvidas e fraquezas mais profundas. Essa jornada, muitas vezes, se revela como uma série de batalhas internas, onde nossos pensamentos, emoções e crenças entram em conflito. No entanto, é nesse cenário interno que descobrimos nossa verdadeira força e resistência.

A Bíblia está repleta de histórias que ilustram essa jornada interior. O próprio Jesus, no deserto, enfrentou tentações internas, mas emergiu fortalecido e pronto para cumprir Sua missão. José, apesar das adversidades, manteve uma perspectiva positiva e confiou em Deus durante sua jornada interior de prisão até a posição de liderança no Egito.

Rute, uma mulher de fé, enfrentou a luta interna de permanecer fiel a Deus em meio a circunstâncias difíceis. Sua jornada mostra como a fidelidade é recompensada, mesmo em tempos de adversidade.

Abraão, chamado para sacrificar seu próprio filho, enfrentou uma luta interna profunda entre obedecer a Deus e confiar em Seu plano. Sua jornada destaca a importância da confiança mesmo em meio a circunstâncias desconcertantes.

Ana, mãe de Samuel, enfrentou a batalha interna da infertilidade e persistiu em oração por um filho. Sua jornada ilustra a importância da persistência e da confiança na resposta divina.

Jonas, inicialmente relutante em cumprir a missão divina, passou por uma jornada interior de aceitação da vontade de Deus, mesmo em situações contrárias aos seus desejos.

Bartimeu, um cego mendigo, enfrentou a batalha interna da fé ao clamar por cura a Jesus. Sua jornada destaca a importância da perseverança na busca pela intervenção divina.

Essas narrativas bíblicas não apenas oferecem inspiração, mas também demonstram como os desafios internos podem ser transformados em oportunidades de crescimento espiritual.

No contexto prático, muitos cristãos ao longo da história têm testemunhado como suas batalhas internas foram cruciais para seu amadurecimento espiritual. Todos nós, em algum momento, passamos por períodos de dúvida, questionamento e luta interior. Contudo, essas experiências não foram em vão. Elas foram trampolins para um entendimento mais profundo da fé, uma conexão mais íntima com Deus e uma capacidade maior de enfrentar desafios futuros.

A fé em Jesus Cristo transcende a mera crença; é um alicerce sólido que sustenta nossa resistência espiritual nos momentos mais desafiadores. Em meio às lutas internas, como depressão, rejeição, ansiedade, medos, traumas e crenças limitantes, a fé atua como um farol de esperança. Ela nos lembra que não estamos sozinhos em nossa jornada interior.

Quando a escuridão da depressão parece envolver nossos pensamentos, a fé nos aponta para o Salvador que entende nossas fraquezas. Jesus, sendo totalmente divino e humano, experimentou as dores e as angústias da vida. Ele é um companheiro compassivo em nossos momentos mais sombrios, compreendendo cada lágrima, cada suspiro.

Na face da rejeição, a fé nos conduz à aceitação divina incondicional. Ela nos lembra de que somos amados por um Deus que nos criou à Sua imagem, e Sua aceitação supera qualquer rejeição que possamos enfrentar no mundo. A ansiedade e os medos são acalmados pela confiança na promessa de que Deus é nosso refúgio e fortaleza, um socorro bem presente nas tribulações.

Quando confrontados com traumas passados, a fé oferece a perspectiva da cura e restauração. Jesus é o Curador das feridas emocionais mais profundas, e Sua graça é o bálsamo que traz alívio e transformação. Diante de crenças limitantes que nos impedem de alcançar nosso potencial, a fé nos capacita a ver a nós mesmos através da ótica de Deus, enxergando o potencial que Ele depositou em cada um de nós.

Em momentos de desespero, a fé é o elo que nos conecta a Deus. Ela não apenas nos recorda da presença constante do Salvador, mas também nos assegura de que, mesmo nas lutas internas, há espaço para a graça, a cura e a redenção. A fé em Jesus Cristo é, portanto, um alicerce inabalável que sustenta a resistência espiritual, lembrando-nos de que, com Ele, somos mais que vencedores.

A confiança plena nas Escrituras Sagradas também desempenha um papel fundamental. As promessas divinas contidas na Bíblia são um guia seguro para enfrentarmos nossas batalhas internas. Ao mergulharmos nas verdades eternas, encontramos palavras de encorajamento, conforto e direção. A Palavra de Deus é uma fonte inesgotável de sabedoria que dissipa as sombras da dúvida e ilumina o caminho para a vitória interior.

A superação das lutas internas não é apenas uma questão de força própria, mas de rendição à graça transformadora de Cristo. Aqueles que depositam sua confiança Nele descobrem uma capacidade renovada de lidar com as adversidades. A jornada espiritual é um processo contínuo de crescimento, no qual a fé e a Palavra de Deus se tornam âncoras que nos mantêm firmes, não importa quão ferozes sejam as tempestades internas.

A jornada interior, embora muitas vezes árdua, é um caminho para o amadurecimento espiritual. Ao enfrentarmos honestamente nossas batalhas internas, permitimos que Deus trabalhe em nós, transformando nossas fraquezas em fortalezas. Cada desafio interno superado é uma oportunidade para nos aproximarmos mais de Deus e nos tornarmos versões mais maduras e equilibradas de nós mesmos.

O Controle de Deus: Segurança em Meio à Incerteza

A vida, por sua própria natureza, é permeada pela incerteza. Problemas financeiros, doenças e infidelidades são desafios que podem abalar nossa segurança emocional e espiritual. No entanto, quero lembrar que, mesmo quando nos deparamos com situações que fogem ao nosso controle, a verdade inabalável é que Deus permanece soberano sobre todas as coisas.

A confiança inabalável em Deus é uma fonte de segurança que transcende as circunstâncias. Em meio às turbulências da vida, encontramos uma âncora sólida na promessa de que Deus está no controle. Suas Escrituras revelam repetidamente que Ele é fiel e digno de confiança. Provérbios 3:5-6 nos aconselha a confiar no Senhor de todo o coração e não depender da nossa compreensão, reconhecendo que Ele guiará os nossos passos.

A completa confiança em Deus é um princípio fundamental para a jornada espiritual. Podemos ter certeza de que Ele jamais falha e nunca nos abandona, mesmo quando as circunstâncias parecem desafiadoras. Essa confiança não se baseia apenas em uma esperança vaga, mas em experiências reais da fidelidade divina ao longo da história e em minha vida pessoal.

Quando olhamos para as Escrituras, encontramos relatos de homens e mulheres que depositaram uma confiança inabalável em Deus e viram Seu poder transformador em suas vidas. Abraão confiou em Deus para lhe dar uma descendência, mesmo quando as circunstâncias pareciam impossíveis. José manteve sua confiança em Deus enquanto passava por anos de adversidades, e no final, viu o propósito divino se cumprir. Daniel permaneceu fiel a Deus na cova dos leões, confiando em Sua proteção soberana.

Essas histórias não são apenas relatos antigos, mas lições atemporais para nós. Em nossas vidas, quando enfrentamos desafios financeiros, problemas de saúde, ou situações de desamparo, a confiança completa em Deus significa entregar a Ele não apenas parte, mas a totalidade das nossas preocupações. É reconhecer que Seu plano para nós é bom, mesmo quando não compreendemos totalmente.

O Salmo 91 é um lembrete poderoso da promessa divina de estar conosco em todas as situações. Quando confiamos plenamente em Deus, estamos colocando nossas vidas, nossas preocupações e nossos anseios em Suas mãos soberanas. Ele é um Deus que nunca quebra Suas promessas, cujo amor é constante e cujo poder é ilimitado.

Portanto, a confiança completa em Deus não é apenas uma atitude, mas uma decisão consciente de ancorar nossa fé na rocha inabalável que Ele é. Mesmo quando tudo ao nosso redor parece incerto, podemos permanecer firmes, pois aquele em quem confiamos é eternamente fiel. Essa confiança não apenas nos sustenta nas adversidades, mas também nos capacita a experimentar a plenitude da vida em Cristo, pois Ele é digno de nossa confiança em todas as circunstâncias.

Então, quando você enfrentar problemas financeiros, confie na providência divina que supre todas as suas necessidades (Filipenses 4:19). Nas doenças, encontre conforto na promessa de cura e consolo divino (Jeremias 30:17). Diante das infidelidades, Deus se revela como o restaurador das relações e o curador das feridas emocionais (Salmos 147:3). Tão somente busque em primeiro lugar o reino de Deus e a sua justiça e tenha plena convicção que todas as outras coisas lhes serão acrescentadas (Mateus 6:33).

A fé em Deus e no Senhor Jesus Cristo não promete uma vida isenta de desafios, mas oferece a garantia de que Ele caminha conosco em meio às lutas. É essa confiança que nos dá coragem para enfrentar a incerteza com serenidade, sabendo que o controle divino transcende qualquer instabilidade terrena. Quando alicerçamos nossa segurança em Deus, descobrimos que Sua paz, que excede todo entendimento, guarda nossos corações e mentes (Filipenses 4:7).

O próprio Senhor Jesus nos disse "Deixo-lhes a paz; a minha paz lhes dou. Não a dou como o mundo a dá. Não se perturbem os seus corações, nem tenham medo." (João 14:27).

A segurança em Deus transcende a mera ausência de problemas, pois está enraizada na convicção inabalável de que Ele é infinitamente maior do que qualquer desafio que possamos enfrentar. Nos momentos de incerteza, convido você a depositar suas preocupações aos pés do Senhor, confiando plenamente que Ele é capaz de sustentar você em meio às tempestades da vida.

A verdade inalterável que permeia as Escrituras é que o controle divino não é apenas uma garantia momentânea, mas uma rocha sólida, uma fortaleza inabalável e uma segurança eterna. Deus não apenas conhece o curso das estrelas, mas também conhece os detalhes íntimos da nossa vida. Ele não apenas reina sobre o universo, mas se importa com cada suspiro, com cada lágrima e com cada anseio do nosso coração.

Ao depositarmos nossa confiança plena no controle divino, experimentamos uma paz que ultrapassa todo entendimento, mesmo em meio às tempestades mais intensas. Essa paz não é derivada da ausência de problemas, mas da presença constante e soberana do Deus que nos ama. Ele é aquele que, mesmo quando o mar da vida está agitado, nos segura firme, assegurando-nos que não estamos sós.

Que a certeza do controle de Deus por meio de Jesus Cristo inspire em seu coração uma paz profunda que transcende as circunstâncias.

Em momentos de incerteza, lembre-se de que o mesmo Deus que criou os céus e a terra está cuidando de você. Ele é a fonte de segurança que permanece inalterável, independentemente das tempestades que possam surgir em sua jornada. Que a confiança plena em Seu controle seja a âncora que sustenta você, trazendo paz e esperança mesmo nos momentos mais desafiadores da vida.

A Importância do Propósito: Encontrando Significado nas Derrotas

Quando enfrentamos derrotas internas, muitas vezes somos levados a um profundo momento de reflexão sobre o propósito e direção de nossas vidas. É como se essas experiências desafiadoras nos convidassem a uma jornada interior, uma busca pelo significado mais profundo por trás das adversidades.

Nesses momentos de introspecção, podemos encontrar consolo na compreensão de que Deus usa até mesmo as derrotas mais difíceis para nos guiar em direção a um propósito mais elevado. Assim como um lapidador esculpe uma pedra preciosa para revelar seu brilho interior, Deus utiliza as circunstâncias da vida para moldar nosso caráter e nos conduzir a um destino cheio de significado.

Às vezes, as derrotas servem como bússolas divinas, redirecionando nossos passos para o caminho que Deus planejou para nós desde o início. Quando abrimos nosso coração à Sua orientação, descobrimos que mesmo as situações mais dolorosas podem ser transformadas em degraus em direção a um propósito maior.

Abrir o coração à orientação de Deus é um ato de entrega e confiança. Quando permitimos que Ele guie nossos passos, estamos reconhecendo Sua soberania sobre nossa vida. É como se disséssemos: "Senhor, eu confio que Tua sabedoria é maior do que a minha, e que Tua visão para o meu futuro é mais ampla do que posso compreender nesse momento."

Essa abertura ao plano divino não significa ausência de desafios ou ausência de dor. Pelo contrário, muitas vezes implica enfrentar situações difíceis e superar adversidades. No entanto, ao abrir nosso coração à orientação de Deus, estamos afirmando que mesmo em meio às derrotas, acreditamos que Ele pode transformar essas derrotas em degraus de crescimento espiritual.

Abrir o coração significa estar disposto a aceitar que o propósito que Deus tem para nós pode diferir das expectativas que temos para nossa própria vida. É confiar que Seu plano é bom, mesmo quando não compreendemos totalmente. Essa entrega permite que a obra do Criador se desdobre em nossa jornada, revelando Seu propósito de maneiras que ultrapassam nossa compreensão imediata.

Ao abrir nosso coração à orientação divina, encontramos não apenas consolo nas dificuldades, mas também uma profunda conexão com o Deus que nos conhece melhor do que nós mesmos. É um convite para uma parceria, onde confiamos que, sob a orientação de Jesus Cristo, cada derrota é um passo em direção a um propósito maior e mais significativo do que poderíamos conceber por conta própria.

Refletir sobre nossas derrotas nos convida a uma jornada de descobrimento e valorização do propósito que Deus tem para nossas vidas. É uma oportunidade para olharmos para além da superfície das circunstâncias adversas e enxergarmos o que Deus pode estar construindo em meio às ruínas.

Quando enfrentamos derrotas, há uma tendência natural de focar no que perdemos: seja a esperança, a confiança, relacionamentos, saúde ou oportunidades. No entanto, convido você a considerar que, mesmo no desfecho doloroso de uma derrota, há um terreno fértil para o crescimento espiritual e uma renovação do propósito de vida.

Cada derrota é como um solo quebrantado, pronto para receber as sementes da transformação. Nesse solo, podemos plantar a semente da empatia, aprendendo a compreender melhor a dor dos outros. Podemos semear a semente do crescimento espiritual, fortalecendo nossa fé e confiança em Deus. Além disso, podemos cultivar a semente do propósito, redefinindo nossas prioridades e alinhando-as com os valores eternos do Reino.

A descoberta e valorização do propósito de Deus em meio às

derrotas não apenas nos capacitam a superar o momento presente, mas também nos conduzem a uma jornada mais profunda de significado. Ao olharmos além das perdas imediatas, podemos encontrar um terreno onde o propósito divino se manifesta de maneiras surpreendentes e transformadoras.

Essa reflexão não é apenas uma análise das derrotas, mas um convite para uma jornada de autoconhecimento espiritual, na qual descobrimos que até mesmo os momentos mais desafiadores podem ser instrumentos nas mãos de Deus para moldar nosso destino e direcionar nossos passos em direção a um propósito que transcende as limitações do tempo e das circunstâncias.

Nessa jornada de descobrimento, encontramos conforto na promessa de que Deus está conosco em cada passo, guiando-nos em direção a um propósito que transcende as derrotas temporárias. Permita-se ser moldado pelo Criador, confiando que, mesmo nas derrotas, Ele está trabalhando para realizar Seu plano perfeito em sua vida.

Uma Jornada de Esperança e Renovação

Ao começarmos a explorar a jornada de esperança e renovação que se desenha diante de nós, é vital compreender que essa caminhada está intrinsecamente ligada ao foco inabalável nas coisas do alto. Esse ponto de partida é uma âncora sólida que sustenta nossa jornada interior, mesmo nos momentos mais turbulentos.

Imagine nossa jornada como uma viagem espiritual, onde cada passo é guiado pela luz da esperança que emana das verdades divinas. Nesse percurso, encontramos não apenas desafios, mas também promessas que transcendem as circunstâncias terrenas. A promessa de que Deus está conosco, a promessa de Sua paz que vai além da compreensão humana e a promessa de que, em meio às derrotas internas, podemos experimentar uma renovação profunda.

Assim, convido você a caminhar comigo por esse trajeto cheio de significado, onde descobrimos que a esperança não é apenas uma expectativa vaga, mas uma certeza enraizada na fidelidade de Deus.

A renovação espiritual se revela à medida que mergulhamos nas verdades eternas, encontrando consolo, direção e um propósito que transcende as superficialidades da vida cotidiana. Nossa jornada de esperança e renovação começa quando decidimos fixar nosso olhar nas coisas do alto, permitindo que a luz divina dissipe as sombras internas e ilumine cada passo da nossa trajetória.

Mantenha em mente que, ao direcionarmos nossos olhos para as coisas do alto, transcendemos as limitações das circunstâncias terrenas. Essa jornada não é marcada apenas por desafios, mas pela promessa constante de Deus de estar conosco em todas as circunstâncias. Sua presença é a bússola que nos orienta, e Sua paz, que excede todo entendimento, é a companheira constante que nos envolve, mesmo nas tempestades mais intensas.

Nessa jornada, a coragem torna-se a força que nos impulsiona para além dos obstáculos que muitas vezes surgem em nosso próprio interior. Essa coragem é um chamado para enfrentarmos a nós mesmos, nossos desejos mais profundos, e até mesmo nossas ambições que, por vezes, podem nos desviar do caminho que Deus traçou para nós.

É fundamental compreender que, muitas vezes, somos nosso próprio maior desafio. As amarras que nos envolvem podem se manifestar em desejos desordenados, apegos prejudiciais ou medos que nos aprisionam. A coragem, nesse contexto, é o ato de deixar para trás tudo aquilo que nos impede de seguir adiante, tudo o que se tornou uma armadilha em nossa jornada espiritual.

Entender que a coragem é necessária para soltar as bagagens do medo é um passo crucial. Isso implica confiar plenamente nas promessas de Deus, compreendendo que Ele é fiel e cumpre o que promete. É a coragem que nos move a abandonar o peso desnecessário, a confiar na providência divina e a avançar com fé renovada.

Assim, convido você a abraçar essa coragem, a enfrentar os obstáculos internos com determinação, confiando que, ao se entregar nas mãos de Deus, encontrará a liberdade para avançar para o que Ele deseja para sua vida. A coragem é a chama que ilumina o caminho da esperança e renovação, guiando-nos para além das limitações autoimpostas em direção à plenitude que Deus reservou para cada um de nós.

A descoberta e aceitação do propósito divino para nossas vidas se revelam como a chave mestra que não apenas abre portas, mas transforma as derrotas internas em trampolins para um novo patamar de vida. Cada desafio, quando encarado com uma perspectiva centrada em Deus, transcende a mera dificuldade e se torna uma oportunidade extraordinária de crescimento espiritual.

Enquanto enfrentamos as adversidades da vida com uma visão que se alinha ao propósito de Deus, cada obstáculo se transforma em um catalisador para uma renovação profunda. Essa renovação não é apenas uma mudança superficial; é uma transformação integral que atinge os fundamentos de quem somos. Quando permitimos que a orientação divina molde nossa jornada, experimentamos uma renovação que vai além das aparências e alcança a essência do nosso ser.

Os resultados de seguir na jornada da vida com Cristo são a verdadeira fonte de esperança para um futuro extraordinário, que transcende os limites da esfera espiritual e repercute de maneira inimaginável na vida material. Cada passo na direção do propósito divino é como uma semente plantada, prometendo uma colheita abundante de alegria, realização e impacto positivo.

Assim, essa renovação completa de mentalidade não é apenas um conceito abstrato, mas uma realidade viva. É uma mudança que começa no interior, refletindo-se em nossas atitudes, relacionamentos e nas escolhas que fazemos. Viver o propósito de Deus exige uma transformação que vai além da superfície e penetra nas profundezas da alma, moldando-nos à imagem do Criador.

Meu desejo é que essa jornada de descoberta, aceitação e renovação seja uma trilha de esperança que o conduza a uma vida de propósito significativo, cumprindo não apenas o plano divino, mas também proporcionando uma experiência abundante e extraordinária, como prometido pelo Deus que guia nossos passos.

Portanto, ao concluir este capítulo, encorajo você a manter um olhar fixo nas coisas do alto, a buscar o propósito divino em cada derrota e a abraçar a esperança que brota da certeza de que Deus é soberano sobre todas as coisas. Que essa jornada de esperança e renovação seja uma inspiração para enfrentar as batalhas internas com coragem, sabendo que, com Deus ao nosso lado, somos mais que vencedores em Cristo Jesus.

CAPÍTULO 9
A JORNADA DO SUCESSO

Decifrando os segredos do sucesso em oportunidades invisíveis

> Embora o justo caia sete vezes, ele se levanta, mas os ímpios tropeçam quando caem.
> Provérbios 24:16

Neste capítulo, estamos prestes a iniciar uma jornada transformadora, não apenas na busca pelo sucesso convencional, mas na descoberta de caminhos ricos em possibilidades que muitas vezes passam despercebidas aos olhos desatentos. Convido você a desbravar terrenos inexplorados, desafiando a mentalidade tradicional que muitas vezes nos impede de enxergar além dos obstáculos aparentes.

A proposta é ir além das limitações percebidas, estimulando uma visão aguçada para identificar oportunidades que se camuflam nos desafios do cotidiano. Muitas vezes, o sucesso não está somente nas realizações grandiosas, mas nas pequenas brechas que se abrem mesmo nas circunstâncias mais adversas. É uma jornada de transformação que nos levará a decifrar os segredos do sucesso não como um destino final, mas como uma jornada constante de crescimento e aprendizado.

Ao desafiar a mentalidade convencional, buscamos não apenas superar barreiras, mas transcender as expectativas, descobrindo que, por trás de cada desafio, há uma oportunidade valiosa para aprender, crescer e alcançar novos patamares de realização. Estamos diante de uma exploração, uma busca por um entendimento mais profundo sobre como as oportunidades muitas vezes se disfarçam nos cenários mais inusitados.

Portanto, este convite para a jornada do sucesso não é apenas um chamado para conquistas externas, mas um convite para uma revolução interna na forma como percebemos e respondemos aos desafios. É a promessa de desvendar segredos que podem transformar não apenas o destino final, mas toda a jornada em si. Prepare-se para olhar além do óbvio, decifrar o aparentemente indecifrável e desvendar os caminhos do sucesso que aguardam sua descoberta.

Passo 1: Elevando-se na Jornada Espiritual

No primeiro passo desta jornada significativa, convido você a adentrar a dimensão mais profunda da existência: a espiritualidade. Ao longo de todo este livro, destaquei a importância de estabelecer uma conexão com Deus em um nível de relacionamento profundo e transformador.

Compreender que o alicerce de uma jornada bem-sucedida se inicia na ligação com Deus representa o ponto de partida para uma transformação integral. Ao elevar-se na jornada espiritual, você não apenas busca um propósito mais elevado, mas também lança os alicerces robustos que sustentarão cada aspecto de sua vida.

A conexão com Deus, como a força motriz por trás da jornada espiritual, transcende as limitações do mundo terreno, proporcionando uma visão que vai além das aparências superficiais da vida. Este elo sagrado não é apenas uma mera crença; é uma experiência que transforma a perspectiva e dá significado à existência.

Nesse espaço sagrado, encontramos um propósito que não se restringe às conquistas materiais, mas se estende para além dos limites temporais. É um propósito que permeia cada aspecto da vida, orientando nossas decisões diárias e lembrando-nos da verdadeira fonte de sabedoria e equilíbrio. Essa conexão com Deus se torna uma bússola confiável, apontando na direção do que é eterno, significativo e alinhado com os desígnios divinos.

Ao nos conectarmos com Deus através de Jesus Cristo, encontramos a base sólida na qual podemos construir nossa jornada. Essa relação íntima traz uma compreensão profunda de quem somos em relação ao Criador e, por conseguinte, quem somos chamados a ser no mundo. Cada passo é guiado pela luz da sabedoria divina, e cada desafio é encarado com a confiança de que, com Deus ao nosso lado, somos mais do que vencedores.

A espiritualidade não é apenas um aspecto isolado da jornada, mas o alicerce que sustenta todas as outras áreas da vida. É a fonte de paz interior, a chama que nos impulsiona na busca do significado e a força que nos sustenta nas adversidades. Ao compreendermos a verdadeira natureza dessa conexão, somos capacitados a enfrentar os desafios da vida com uma perspectiva que vai além do imediato, vislumbrando a eternidade que permeia cada momento presente.

Ao embarcar na jornada espiritual, você se entrega a uma busca mais profunda, reconhecendo que a verdadeira riqueza vai além dos bens materiais. Descobre que reside na conexão íntima com Deus e na compreensão de que a jornada da vida adquire um significado mais profundo quando guiada pela luz espiritual.

Nesse processo de elevação espiritual, percebe que as conquistas materiais, embora possam trazer conforto temporário, não se comparam à plenitude e significado encontrados na jornada de fé e espiritualidade. Essa busca não apenas transforma a maneira como você encara a vida, mas também molda as escolhas diárias, trazendo equilíbrio e propósito a cada passo da jornada.

Essa elevação espiritual não é apenas uma busca por respostas transcendentais, mas um compromisso contínuo de crescimento e desenvolvimento pessoal. É um convite para abrir o coração para uma relação mais íntima com o divino, permitindo que essa conexão inspire e guie cada passo da jornada.

Compreender que a elevação espiritual transcende as circunstâncias imediatas é essencial. Essa jornada não se limita aos altos e baixos momentâneos, mas atinge um patamar mais elevado de compreensão, propósito e significado na vida. Ao construir essa fundação espiritual sólida, você não apenas estará preparado para enfrentar os desafios das outras áreas da vida, mas também equipado com sabedoria, discernimento e uma confiança inabalável na orientação divina.

Essa consciência mais profunda permite que você navegue pelas complexidades da existência com uma perspectiva que vai além do superficial. Os desafios se tornam oportunidades de crescimento, as adversidades são encaradas com resiliência e cada passo é guiado pela luz de Cristo.

Ao elevar-se espiritualmente, você constrói uma base que não é abalada facilmente pelos ventos das dificuldades, mas que permanece sólida, ancorada na confiança em algo maior do que as circunstâncias temporais. Essa base, robustecida pela espiritualidade, ilumina todos os outros aspectos da vida, tornando a jornada ainda mais significativa e repleta de propósito.

Passo 2: Fortalecendo os Alicerces Familiares

No segundo passo desta jornada de sucesso, concentramos nossa atenção na construção de alicerces familiares sólidos, reconhecendo que uma família forte é um pilar essencial para o sucesso duradouro.

Investir tempo e energia na construção de laços familiares é uma decisão estratégica que molda não apenas o ambiente doméstico, mas reverbera em todas as esferas da existência. Nesse caminho, compreendemos que a família não é apenas uma parte de nossas vidas; ela é o epicentro ao redor do qual nossas experiências giram.

O tempo dedicado à família não é simplesmente uma tarefa a mais em nossa agenda; é um investimento fundamental que paga dividendos inestimáveis ao longo do tempo. O florescimento de todas as áreas da vida, seja no âmbito espiritual, profissional, emocional ou financeiro, está intrinsecamente conectado à solidez dos laços familiares.

Ao investir atenção, paciência e carinho na edificação desses laços, estamos, na verdade, tecendo a trama que sustentará os momentos mais desafiadores e proporcionará alegrias duradouras. A família é a incubadora natural onde valores, ética e amor são transmitidos de uma geração para outra. Portanto, cada momento dedicado à família é como semear sementes que crescerão e frutificarão em todas as áreas de nossa vida.

A construção de laços familiares é um processo contínuo, uma jornada que demanda compromisso e dedicação constante. Ao compreender a importância desse investimento, estamos pavimentando o caminho para um sucesso que transcende as fronteiras do lar, irradiando-se para todas as áreas da existência.

Fortalecer os alicerces familiares é uma jornada que transcende a mera coexistência sob um mesmo teto; é uma arte que demanda a aplicação cuidadosa de elementos essenciais, cada um desempenhando um papel crucial na construção de um lar sólido e acolhedor.

O amor, como o alicerce mais profundo, é a força que une todos os membros da família. É a cola que mantém os relacionamentos firmes e flexíveis, capazes de resistir aos ventos fortes e tempestades da vida. O amor na família não é apenas um sentimento, mas uma ação contínua de expressão, compreensão e aceitação. O amor é uma decisão diária.

A comunicação aberta é como as janelas que permitem a entrada da luz. É o processo pelo qual os membros da família compartilham seus pensamentos, sentimentos, alegrias e desafios. A habilidade de ouvir atentamente e se expressar claramente contribui para um entendimento mais profundo, construindo uma base sólida de conexão.

O respeito é o alicerce sobre o qual repousam todas as interações familiares. É a consideração pelas individualidades, reconhecendo e valorizando as diferenças. O respeito mútuo cria um ambiente onde cada membro da família se sente digno e apreciado, contribuindo para um relacionamento saudável e equilibrado.

O apoio mútuo é como o telhado que oferece abrigo. Em uma família fortalecida, cada membro se torna o apoio do outro nos momentos difíceis. O apoio não é apenas físico, mas emocional e espiritual. É estar lá nos altos e baixos, compartilhando o peso das preocupações e celebrando as alegrias juntos.

Assim, fortalecer os alicerces familiares é uma verdadeira obra de arte, onde cada tijolo, representando amor, comunicação aberta, respeito e apoio mútuo, se encaixa harmoniosamente para construir um lar que não é apenas uma estrutura física, mas um refúgio de amor e segurança.

Quando cultivados e fortalecidos, esses alicerces familiares tornam-se a base sólida que sustentará não apenas as relações dentro de casa, mas também influenciará positivamente outras dimensões fundamentais da existência.

O apoio e a compreensão que emanam de uma família robusta se estendem a todos os membros, fornecendo suporte inestimável nos momentos de desafio.

Em uma base familiar firme, cada indivíduo encontra um porto seguro, uma fonte constante de amor e encorajamento. Isso não apenas contribui para o bem-estar emocional de cada membro, mas também estabelece um alicerce sólido para enfrentar os obstáculos que surgem ao longo da jornada da vida.

Ao empenhar-se em fortalecer os alicerces familiares, você está, na verdade, tecendo uma intrincada rede de apoio que se estende por todas as áreas da sua vida. Essa rede não é apenas uma fonte de suporte emocional nos momentos desafiadores, mas também um alicerce sólido que sustenta o sucesso holístico.

A família, quando consolidada por laços profundos de amor, comunicação aberta, respeito e apoio mútuo, torna-se um esteio confiável. Em tempos de adversidade, é essa rede que oferece conselhos sábios, o ombro amigo para desabafos e a força coletiva para superar obstáculos. O suporte emocional e prático proporcionado por uma família fortalecida cria uma base robusta que impulsiona a jornada rumo ao sucesso holístico.

Além disso, uma rede de apoio familiar também contribui para a estabilidade emocional, proporcionando um ambiente seguro e nutridor. Essa estabilidade emocional é como um solo fértil que permite o crescimento saudável em todas as áreas da vida. Quando se sente amado, compreendido e apoiado em casa, é mais fácil enfrentar os desafios externos com confiança e resiliência.

Ao construir essa rede de apoio, você não apenas investe no fortalecimento das relações familiares, mas também estabelece um alicerce sólido para o sucesso em todas as esferas da vida. A interconexão entre os membros da família, fundamentada em valores como amor e respeito, cria uma sinergia que se estende além do núcleo familiar, irradiando positivamente para o mundo ao seu redor. Essa rede de apoio é uma fonte constante de inspiração, motivação e, acima de tudo, uma âncora segura que ajuda a navegar pelos mares muitas vezes turbulentos da vida com firmeza e determinação.

Passo 3: Nutrindo o Bem-Estar Emocional

No terceiro passo, embarcamos em uma reflexão profunda sobre o "Bem-Estar Emocional" como um elemento vital para uma jornada verdadeiramente bem-sucedida. Essa dimensão da vida é como um alicerce invisível, mas poderoso, que sustenta o edifício complexo das nossas experiências diárias.

Nutrir o bem-estar emocional não é apenas uma prática, mas um compromisso consigo mesmo. Isso começa pela priorização da autoconsciência, a capacidade de reconhecer e compreender nossas emoções. Ao estar sintonizado com o próprio mundo emocional, você adquire uma clareza valiosa sobre as raízes de seus sentimentos, permitindo uma abordagem mais eficaz para gerenciá-los.

O autocuidado é um componente essencial desse processo. Assim como cuidamos do nosso corpo físico, também devemos dedicar tempo e esforço para cuidar do nosso bem-estar emocional. Isso pode envolver práticas como meditação, exercícios regulares, momentos de tranquilidade e a busca por atividades que tragam alegria e satisfação pessoal.

Os relacionamentos desempenham um papel crucial nessa jornada. Cultivar vínculos saudáveis e significativos contribui para a construção de um suporte emocional sólido. Relacionamentos genuínos oferecem espaço para expressar emoções, receber apoio e compartilhar as alegrias e desafios da vida. A conexão emocional com outras pessoas enriquece nossa jornada, proporcionando um senso de pertencimento e compreensão mútua.

Gerenciar emoções é uma jornada de autodescoberta e aceitação, reconhecendo que todas as emoções, mesmo as mais desafiadoras, têm um propósito em nossa existência. Deus nos criou como seres emocionais, e cada emoção é uma parte intrínseca da complexidade do ser humano. Ao invés de suprimir ou negar essas emoções, a abordagem saudável envolve abraçá-las com compreensão e maturidade.

A tristeza, por exemplo, pode nos levar à reflexão profunda e nos ensinar sobre a importância do luto e da cura. A alegria, por sua vez, nos conecta à gratidão e à celebração da vida. O medo, embora desafiador, pode ser um mecanismo de proteção que nos impulsiona a tomar decisões mais prudentes. Todas essas emoções, quando entendidas e aceitas, contribuem para nossa jornada de crescimento espiritual e pessoal.

Ao permitir-se sentir plenamente, você não apenas se conecta com sua humanidade, mas também aprende a discernir as mensagens que essas emoções trazem consigo. A tristeza pode revelar áreas que precisam de cura e redenção, enquanto a alegria pode indicar momentos de celebração e agradecimento. O medo, quando compreendido, pode fornecer discernimento sobre áreas da vida que requerem coragem e mais confiança em Deus.

Aprendemos, então, a não julgar nossas emoções como boas ou ruins, mas como mensageiras valiosas em nossa jornada. Cada emoção é uma peça importante no mosaico da vida, e ao abraçá-las, permitimos que cumpram seu propósito divino em nos conduzir para mais perto de Deus e nos moldar na imagem do Criador.

Nessa jornada emocional, é crucial lembrar que Deus nos capacita não apenas para experimentar essas emoções, mas também para transformá-las em oportunidades de crescimento e fortalecimento. Em vez de temer as emoções desconfortáveis, somos convidados a confiar que Deus, em Sua soberania, usa cada aspecto da nossa experiência emocional para nosso bem e para Sua glória. Essa é uma expressão profunda da graça divina, que nos permite crescer não apesar das nossas emoções, mas através delas.

Esse gerenciamento emocional habilidoso contribui significativamente para um estado de equilíbrio emocional, permitindo enfrentar os altos e baixos da vida com resiliência e clareza de pensamento.

Nutrir o bem-estar emocional é, portanto, um investimento valioso na qualidade de vida. Ao atentar para essa dimensão crucial, você constrói uma base sólida que não só influencia positivamente as áreas circunvizinhas da sua jornada, mas também emana uma energia positiva que reverbera no mundo ao seu redor. É uma jornada que, ao priorizar o cuidado emocional, se torna mais rica, plena e alinhada com os verdadeiros propósitos da vida.

Passo 4: Ressignificando o Sucesso Financeiro

Ressignificar o sucesso financeiro é transcender a mera acumulação de riquezas, compreendendo que a verdadeira prosperidade vai além dos números em uma conta bancária. Envolve uma abordagem holística que equilibra a gestão sábia dos recursos, metas realistas e uma prática constante de generosidade.

Ao estabelecer metas financeiras realistas, você cria um roteiro claro para sua jornada econômica. Isso inclui definir objetivos a curto e longo prazo, considerando não apenas suas necessidades imediatas, mas também aspirações futuras.

A visualização é uma ferramenta poderosa na busca pelos objetivos, pois o cérebro não faz distinção entre o que é real e o que é imaginário. Quando uma pessoa vivencia uma experiência ou imagina vividamente algo, muitas das mesmas áreas do cérebro são ativadas. A neurociência sugere que as representações neurais de uma experiência real e de uma experiência imaginária podem se sobrepor em certa medida.

Nesse contexto, construir um mural de sonhos torna-se uma prática eficaz para manter seus objetivos sempre presentes e tangíveis em sua mente. A ideia de um mural de sonhos envolve a criação de um espaço físico onde você pode fixar imagens representativas de seus objetivos e estabelecer prazos realistas para alcançá-los. Esse mural deve ser estrategicamente colocado em um local de destaque, onde você possa dedicar tempo diário para contemplá-lo.

Ao contemplar o mural, você não apenas visualiza seus objetivos, mas internaliza a sensação de tê-los alcançado. Esse exercício constante ajuda a programar sua mente para o sucesso, criando uma conexão mais profunda entre seus desejos e ação prática.

A prática regular de visualização cria um impulso motivacional, incentivando você a desenvolver estratégias concretas para a conquista de seus sonhos. Cada olhar para o mural é um lembrete do que é possível e uma inspiração para dar passos práticos em direção à realização de seus objetivos.

Essa abordagem não apenas molda sua mentalidade para o sucesso, mas também serve como um lembrete visual constante de sua jornada. À medida que você cria estratégias realistas para atingir seus objetivos, o mural de sonhos se torna uma ferramenta prática e inspiradora para transformar visões em realizações tangíveis. O processo de materializar seus sonhos começa na mente, e um mural de sonhos é o portal que conecta a imaginação à concretização.

A sabedoria está em encontrar o equilíbrio entre a simplicidade e a busca de uma vida plena, reconhecendo que o dinheiro é uma ferramenta para a realização de propósitos significativos.

A gestão sábia dos recursos financeiros não se resume apenas a acumular, mas também a investir em conhecimento, experiências e relacionamentos. É cultivar uma mentalidade de administração responsável, reconhecendo que cada recurso disponível, por menor que seja, pode ser uma semente para um futuro mais próspero.

A prática constante de generosidade é um elemento vital na ressignificação do sucesso financeiro. Entender que o dinheiro é uma ferramenta para impactar positivamente a vida dos outros amplia a visão sobre a verdadeira finalidade das riquezas. A generosidade não apenas abençoa quem a recebe, mas também transforma o doador, criando uma sensação de propósito e satisfação que vai além dos limites da esfera financeira.

Ao ressignificar o sucesso financeiro, você percebe que a verdadeira prosperidade está ligada à capacidade de administrar recursos que Deus te concede com responsabilidade, alinhar-se a metas que têm significado profundo e reconhecer o papel transformador da generosidade. Essa perspectiva redefine a relação com as finanças, transformando o dinheiro de um mero meio de troca em uma ferramenta valiosa para construir um legado de impacto e significado.

Passo 5: Trilhando o Caminho Profissional com Excelência

A busca pela excelência profissional transcende a mera realização de tarefas diárias. Ela é uma expressão vibrante de paixão e comprometimento, uma jornada em que cada passo é guiado pela busca incessante da melhoria contínua.

Ao trilhar o caminho profissional com excelência, é essencial compreender que vai além do simples domínio de habilidades técnicas. Essa busca representa uma postura profundamente arraigada no compromisso, na dedicação e na determinação de oferecer o melhor em cada empreendimento.

A atitude de excelência no ambiente profissional implica um comprometimento não apenas com o resultado final, mas também com cada passo ao longo do caminho. É a decisão consciente de aprimorar continuamente as habilidades, de se manter atualizado diante das mudanças no mercado e de abraçar desafios como oportunidades de crescimento.

Essa mentalidade se reflete na maneira como o profissional enfrenta cada projeto, tarefa ou responsabilidade. É a busca incessante pela eficiência, pela inovação e pelo impacto positivo. A excelência não é um destino final, mas sim um processo contínuo de refinamento pessoal e profissional.

Ao adotar essa mentalidade, você se destaca não apenas pelo que faz, mas pela paixão e dedicação que investe em suas atividades. É uma abordagem que transcende as expectativas, transformando o trabalho em uma expressão autêntica de sua capacidade e comprometimento.

Essa atitude de excelência não apenas eleva a carreira profissional, mas também influencia positivamente a cultura organizacional. O profissional comprometido com a excelência inspira colegas, motiva equipes e contribui para um ambiente de trabalho dinâmico e inovador.

Em resumo, trilhar o caminho profissional com excelência é adotar uma mentalidade que vai além das habilidades técnicas, abraçando a jornada de crescimento contínuo, comprometimento e busca incessante pela melhoria. É uma escolha diária de se destacar, crescer e fazer a diferença no cenário profissional.

Para isso, definir metas claras é o ponto de partida, proporcionando uma visão clara do destino desejado. Isso não apenas orienta os esforços diários, mas também inspira um senso de propósito que transcende as tarefas cotidianas. Ao aprimorar constantemente habilidades e buscar oportunidades de crescimento, o profissional não apenas se destaca em sua área, mas também contribui para o desenvolvimento pessoal e profissional.

Desenvolver uma mentalidade empreendedora no ambiente profissional é uma estratégia poderosa que transcende a ideia convencional de negócios próprios. Essa mentalidade não se limita ao empreendedorismo clássico, mas, ao contrário, é uma abordagem dinâmica e inovadora em qualquer contexto corporativo.

Ao adotar uma mentalidade empreendedora, o profissional se torna um agente ativo na criação de oportunidades dentro da estrutura organizacional. Isso implica em enxergar desafios como trampolins para o crescimento, transformando obstáculos em plataformas de aprendizado e inovação.

Uma mentalidade empreendedora no ambiente corporativo significa encarar cada projeto, tarefa ou problema como uma possibilidade de impacto positivo e diferenciação. Isso envolve a capacidade de identificar lacunas e soluções inovadoras, indo além das expectativas e propondo abordagens criativas.

A resiliência é uma característica central nessa mentalidade. Cada obstáculo é visto como uma oportunidade de aprendizado e aprimoramento. Em vez de ser desencorajado por dificuldades, o profissional empreendedor busca soluções, experimenta abordagens novas e está sempre aberto a novas ideias.

Além disso, a mentalidade empreendedora estimula a busca contínua por oportunidades de crescimento e desenvolvimento. Isso significa estar atento às mudanças no mercado, antecipar tendências e se adaptar proativamente às demandas do ambiente de trabalho.

Essa abordagem não apenas beneficia individualmente o profissional, mas também contribui para uma cultura organizacional mais inovadora e dinâmica. A mentalidade empreendedora cria um ambiente propício para a colaboração, a experimentação e a busca incessante por excelência.

Em suma, ter uma mentalidade empreendedora no ambiente corporativo vai além de possuir um negócio próprio; é uma postura transformadora que capacita o profissional a ver oportunidades onde outros veem desafios, a aprender com cada obstáculo e a inovar constantemente em busca de um impacto positivo no mundo profissional.

Ao trilhar o caminho profissional com excelência, você não apenas alcança conquistas notáveis em sua carreira, mas também deixa um impacto duradouro na vida de outras pessoas. A busca constante pela excelência não é apenas uma jornada profissional; é uma jornada de autodescoberta, crescimento e contribuição significativa para o mundo ao seu redor.

Passo 6: Cultivando uma mentalidade de gratidão pelo progresso

A gratidão é uma atitude transformadora que transcende as circunstâncias, moldando a forma como encaramos o progresso em nossa jornada. Cultivar uma mentalidade de gratidão não se limita às conquistas grandiosas; ao contrário, ela floresce nos pequenos momentos, nos desafios superados e nas lições aprendidas.

A importância de ser grato em todas as situações, independentemente de quão dolorosas ou desafiadoras possam parecer, reside na capacidade de encontrar luz mesmo nas sombras. Como nos lembra 1 Tessalonicenses 5:18 (NVT), "Sejam gratos em todas as circunstâncias, pois essa é a vontade de Deus para vocês em Cristo Jesus."

Quando praticamos a gratidão, não estamos ignorando as dificuldades, mas escolhendo direcionar nossa atenção para o que podemos aprender e ganhar com essas experiências. Expressar gratidão está intrinsecamente ligado ao bem-estar emocional.

Reconhecer e apreciar as bênçãos da vida, mesmo nas pequenas coisas, contribui para um estado emocional mais equilibrado e saudável.

Além disso, a gratidão fortalece os vínculos interpessoais. Quando expressamos apreço por aqueles ao nosso redor, construímos relações mais positivas e profundas, criando um ambiente propício para o crescimento mútuo.

Expressar gratidão pelo progresso, mesmo que pequeno, é um catalisador poderoso para o desenvolvimento de uma mentalidade de crescimento contínuo. A gratidão atua como um combustível motivacional, inspirando-nos a reconhecer e valorizar cada avanço, independentemente de quão insignificante possa parecer. Essa prática de reconhecimento cria um ciclo positivo em que a apreciação do progresso alimenta a motivação para buscar melhorias adicionais.

Quando cultivamos a gratidão pelo progresso, estamos, na verdade, treinando nossas mentes para focar no positivo, mesmo em meio aos desafios. Isso não apenas fortalece nossa resiliência emocional, mas também nos orienta na direção certa. A mentalidade de crescimento, fundamentada na gratidão, impulsiona-nos a aprender com cada experiência, aperfeiçoar nossas habilidades e perseverar diante das adversidades.

Além disso, ao reconhecer e ser grato pelos pequenos progressos, criamos um ambiente interno de positividade que impacta não apenas nossa jornada pessoal, mas também influencia positivamente aqueles ao nosso redor. A prática consistente da gratidão pelo progresso molda uma perspectiva otimista, transformando desafios em oportunidades de aprendizado e crescimento. Dessa forma, a mentalidade de crescimento impulsionada pela gratidão torna-se uma ferramenta valiosa para alcançar metas, superar obstáculos e construir uma vida significativa.

A prática da gratidão também é uma aliada poderosa na resiliência. Em vez de permitir que os desafios nos desanimem, ela nos capacita a enfrentar as dificuldades com coragem, sabendo que há algo valioso a ser aprendido em cada situação.

Note que a gratidão é um ingrediente fundamental na construção de uma mentalidade positiva. Quando focamos no que temos em vez do que nos falta, cultivamos uma mentalidade que atrai mais oportunidades e realizações.

A prática da gratidão possui uma dimensão espiritual profunda quando reconhecemos que cada passo, cada avanço e cada bênção são dons divinos, manifestações da graça e orientação de Deus em nossa jornada. A gratidão torna-se, então, não apenas uma atitude de apreciação pelo progresso, mas também um ato de reconhecimento da bondade e fidelidade de Deus em cada detalhe de nossa vida.

Ao direcionar nossa gratidão a Deus, estamos cientes de que Ele é a fonte de todo progresso e realização. Cada pequeno avanço é um reflexo de Sua orientação amorosa. A mentalidade de gratidão fortalece nossa conexão espiritual e nos lembra da importância de reconhecer a mão de Deus em todos os aspectos de nossa jornada.

Assim, ao trilhar a jornada com uma mentalidade de gratidão, estamos não apenas celebrando nossos próprios esforços e conquistas, mas também expressando humildade diante da obra de Deus em nossa vida. Cada passo torna-se uma oportunidade para agradecer, confiando que, com gratidão sincera, estamos alinhando nossos corações com a vontade divina e permitindo que Deus continue a guiar-nos na jornada da vida.

Ao abraçar esses seis passos, você será guiado para uma jornada de sucesso que transcende as limitações convencionais. A mudança de mentalidade, aliada à ação consistente, abrirá portas para oportunidades antes não percebidas, transformando cada obstáculo em um degrau na ascensão para o sucesso pleno.

CAPÍTULO 10
CONSTRUINDO O FUTURO DESEJADO
Colhendo os frutos da transformação

Entregue ao Senhor todas as áreas da sua vida; confie nele, e ele cuidará de tudo.
Provérbios 16:3

No capítulo final desta jornada de transformação, concluímos a viagem que nos levou por cada aspecto vital da vida, desde os fundamentos da disciplina até os passos práticos para uma jornada de sucesso. Ao olhar para trás, vemos não apenas palavras escritas, mas uma jornada vivida, uma transformação experimentada e um caminho trilhado rumo a um futuro desejado.

A disciplina como o arado que prepara o solo

Começamos entendendo a importância da disciplina, que se revelou como o arado que prepara o solo para a semeadura. Compreendemos que a mudança significativa começa com a consistência de hábitos disciplinados. Essa disciplina não foi uma imposição rígida, mas sim uma escolha consciente de alinhar nossas vidas aos princípios eternos e à sabedoria divina.

Guiados pela sabedoria que transcende as circunstâncias temporais, aprendemos a discernir entre o que é passageiro e o que é duradouro. A disciplina, nesse contexto, não foi um fardo, mas sim a estrutura que nos permitiu cultivar uma vida com raízes profundas. Moldamos nossos hábitos com a visão do futuro desejado, lembrando-nos de que cada escolha diária era um investimento na jornada mais ampla.

A disciplina não se limitou a criar rotinas; ela permeou nossa espiritualidade. Em momentos de desafio, quando as tempestades ameaçavam, a disciplina nos manteve ancorados na fé e na busca por um propósito mais elevado. Foi uma ferramenta que esculpiu a espiritualidade, transformando-a de uma prática ocasional em um estilo de vida constante.

Ao moldar nossas mentalidades, a disciplina tornou-se um guia para a tomada de decisões. Ela nos ensinou a resistir às distrações passageiras e a manter o foco no que verdadeiramente importa. Cada ato disciplinado foi um pequeno passo na direção do crescimento pessoal, construindo um alicerce sólido para os passos subsequentes.

Em suma, a disciplina foi mais do que um meio para um fim; ela se tornou a essência de nossa jornada. Guiada pela sabedoria de Deus, ela não foi uma imposição externa, mas uma escolha interna que moldou nossa trajetória. Cada semente de mudança foi plantada nesse solo fértil, e a disciplina foi a força que permitiu que essas sementes crescessem e florescessem, transformando nossa jornada em uma busca significativa e duradoura.

Fortalecendo a conexão com Deus

Em nossa jornada espiritual, transcendemos as fronteiras do convencional, elevando nossa conexão com Deus a patamares mais altos e íntimos. Compreendemos que a verdadeira riqueza não reside apenas na acumulação de bens materiais, mas na profunda intimidade com o divino. Este não foi apenas um capítulo isolado em nossa jornada; a espiritualidade se tornou a bússola que orientou cada decisão e conferiu um significado mais profundo a cada passo dado.

Ao mergulharmos nessa jornada espiritual, aprendemos que a busca por Deus é um caminho constante, uma exploração contínua dos mistérios divinos. A espiritualidade não se restringiu a práticas ritualísticas; foi uma jornada dinâmica de relacionamento e busca de compreensão mais profunda. Descobrimos que a verdadeira riqueza reside na experiência da presença de Deus, na comunhão constante e na entrega confiante aos desígnios do Criador.

Esta jornada espiritual, enraizada na disciplina e na busca incessante por Deus, foi um farol que iluminou os outros aspectos de nossa vida. Influenciou nossas decisões familiares, orientou nossas escolhas emocionais e permeou nossa busca por sucesso financeiro e profissional. A espiritualidade não foi um elemento isolado; foi a força motriz que impregnou cada dimensão de nossa jornada até aqui.

Ao elevarmos nossa conexão com Deus, percebemos que a espiritualidade não é uma prática reservada para momentos específicos, mas uma respiração constante que permeia cada segundo de nossas vidas. Essa elevação espiritual não apenas nos proporcionou um propósito mais elevado, mas também moldou nossa visão do mundo, dos outros e de nós mesmos.

Portanto, em cada capítulo deste livro, vimos como a espiritualidade se entrelaçou com a construção de relacionamentos sólidos, com o cuidado emocional, com a busca de sucesso financeiro e com a excelência profissional. Ela foi a força que proporcionou significado e direção a toda a jornada de transformação que empreendemos. Cada página foi escrita com a tinta da fé, e cada passo foi guiado pela luz de Cristo que se tornou a essência da nossa jornada.

Família, o alicerce que sustenta o sucesso

Ao longo desta jornada, compreendemos profundamente que a família é o alicerce sólido que sustenta o sucesso em todas as áreas da vida. Os laços familiares, fortalecidos por amor, comunicação aberta, respeito e apoio mútuo, transformaram-se nos tijolos fundamentais que construíram nosso lar sólido. Esse lar não é apenas um local físico; é um refúgio emocional em meio às intempéries da jornada, um espaço onde encontramos conforto, compreensão e força.

O entendimento da importância dos laços familiares não foi apenas teórico, mas prático. Investimos tempo e energia na edificação de uma rede de apoio, reconhecendo que, em momentos de desafio, a família é o porto seguro que nos acolhe. O amor mútuo tornou-se a força propulsora que impulsiona cada membro da família a alcançar seu potencial máximo. Comunicamos nossas alegrias e tristezas, compartilhamos sonhos e desafios, e, por meio desse diálogo constante, fortalecemos a base que sustenta não apenas a nossa casa, mas toda a jornada de transformação que empreendemos.

O respeito e apoio mútuo, fundamentados na compreensão de que somos uma equipe, foram os elementos que permitiram superar adversidades. Em momentos de dificuldade, a família não apenas ofereceu suporte prático, mas também se tornou um espaço de encorajamento e motivação. Os desafios foram enfrentados em conjunto, e as vitórias foram celebradas como conquistas compartilhadas.

Assim, ao fortalecermos os laços familiares, não apenas construímos um lar sólido, mas também solidificamos a base que sustenta cada uma das dimensões de nossa vida. A família não é apenas uma parte do todo; ela é o tecido que une todas as áreas, proporcionando estabilidade e amor. Ela se tornou não apenas um pilar do sucesso, mas a fonte de suporte incondicional que enriquece cada passo da nossa jornada.

Emoções conscientes

Ao longo de nossa jornada, dedicamo-nos a nutrir nossa saúde emocional por meio da consciência e aceitação de nossas emoções. Compreendemos profundamente que a verdadeira gestão emocional não reside na supressão das emoções, mas sim na compreensão e crescimento através delas. Cada emoção foi reconhecida como uma peça essencial no mosaico intricado da experiência humana, uma criação divina que nos conecta ao propósito mais amplo de nossa existência.

Aprendemos que as emoções não devem ser temidas, mas sim exploradas com empatia e maturidade. Ao permitirmos a expressão genuína de nossos sentimentos, desenvolvemos uma compreensão mais profunda de nós mesmos e dos outros. As emoções, longe de serem obstáculos, tornam-se guias valiosos em nossa jornada, apontando para áreas que precisam de atenção, cura e crescimento.

No contexto dessa exploração emocional, nossa conexão espiritual desempenhou um papel vital. A espiritualidade tornou-se a âncora que nos manteve equilibrados e centrados mesmo em meio às tempestades emocionais. Compreendemos que as emoções são um presente de Deus, uma parte integral da experiência humana que nos permite experimentar plenamente a complexidade e a riqueza da vida.

Portanto, ao nutrirmos nosso bem-estar emocional, não apenas promovemos uma vida plena e equilibrada, mas também construímos uma ponte entre a dimensão emocional e espiritual de nossa jornada. A consciência emocional, guiada pela sabedoria divina, tornou-se uma ferramenta preciosa para a autorreflexão, o crescimento pessoal e a criação de relacionamentos saudáveis. A jornada emocional, longe de ser um fardo, transformou-se em um caminho de autoconhecimento e desenvolvimento espiritual.

Prosperidade vai além de acumular riquezas

Ao longo de nossa exploração sobre o ressignificado do sucesso financeiro, internalizamos a perspectiva de que a prosperidade transcende a simples acumulação de riquezas materiais. Compreendemos que, ao redefinir o sucesso financeiro, estamos incorporando uma visão mais holística e significativa de prosperidade.

A prática de visualizar nossos objetivos tornou-se uma ferramenta poderosa em nossa jornada financeira. Ao criar um mural de sonhos onde fixamos imagens representativas de nossos objetivos e estipulamos prazos para alcançá-los, estamos utilizando uma abordagem visual que impacta diretamente nosso subconsciente. Essa visualização constante cria uma impressão profunda em nossa mente, influenciando positivamente nossas escolhas, decisões e ações diárias.

Estabelecer metas realistas foi um passo crucial na construção do futuro financeiro desejado. Essas metas não são apenas miragens distantes, mas destinos tangíveis que delineamos com clareza. Ao ter metas específicas, mensuráveis, alcançáveis, relevantes e com prazos definidos, criamos um roteiro claro que nos orienta na jornada financeira.

Reconhecemos também o poder das mentalidades na construção de nosso futuro financeiro. Entendemos que nossas crenças e atitudes em relação ao dinheiro têm um impacto direto em nossas finanças. Cultivar uma mentalidade de abundância, onde reconhecemos e agradecemos pelo que temos, abre espaço para a manifestação de mais prosperidade em nossas vidas.

Portanto, ao ressignificar o sucesso financeiro, não apenas adotamos práticas pragmáticas, mas também interiorizamos uma mentalidade que cria um terreno fértil para a realização de nossos objetivos financeiros. Essa abordagem integrada transcende a mera busca por riqueza e nos conduz a uma jornada financeira alinhada com nossos valores e propósito de vida.

Mentalidade empreendedora

Ao trilharmos o caminho do sucesso profissional, interiorizamos a excelência como uma virtude fundamental, transcendendo meramente um conjunto de habilidades técnicas. Compreendemos que a excelência é uma expressão mais profunda de nossa paixão e comprometimento com tudo o que realizamos profissionalmente.

A mentalidade empreendedora tornou-se uma aliada constante em nossos ambientes profissionais. Não a enxergamos apenas como uma característica exclusiva dos negócios próprios, mas como uma abordagem valiosa mesmo em contextos corporativos. Essa mentalidade nos capacitou a enxergar desafios profissionais não como obstáculos intransponíveis, mas como trampolins para oportunidades duradouras.

Em meio às complexidades do mundo profissional, cultivamos uma postura resiliente. Cada obstáculo, em vez de ser encarado como uma barreira, foi percebido como uma chance de aprendizado e inovação. Essa resiliência não é apenas uma resposta reativa às adversidades, mas uma característica intrínseca de como enfrentamos os desafios profissionais.

Dessa forma, ao abraçarmos a excelência e a mentalidade empreendedora em nossa jornada profissional, não apenas acumulamos conquistas, mas também deixamos uma marca significativa em cada projeto, equipe e ambiente em que estamos inseridos. A busca pela excelência não é um objetivo isolado, mas sim um compromisso constante de elevar o padrão em tudo o que fazemos, contribuindo para um sucesso profissional duradouro e significativo.

Colhendo os frutos

À medida que avançamos em nossa jornada, cada passo, aprendizado e transformação contribuíram para uma experiência rica e holística. Os frutos da disciplina, espiritualidade, alicerces familiares, bem-estar emocional, sucesso financeiro e profissional tornaram-se evidentes, entrelaçando-se para formar o tecido completo de nossa jornada.

A disciplina foi o solo fértil onde plantamos as sementes da mudança, moldando nossos hábitos e mentalidades. A espiritualidade não foi apenas um capítulo, mas a bússola que orientou cada decisão, conferindo um significado mais profundo a cada passo dado. Fortalecemos nossos laços familiares, compreendendo que a família é o alicerce que sustenta o sucesso em todas as áreas da vida.

Nossa jornada emocional foi marcada pela consciência e aceitação de nossas emoções. Compreendemos que a verdadeira gestão emocional não está na supressão, mas na compreensão e crescimento. Cada emoção foi reconhecida como uma criação divina, uma peça fundamental no mosaico da experiência humana.

Ao ressignificar o sucesso financeiro, fomos além da acumulação de riquezas. Visualizamos objetivos, estabelecemos metas realistas e reconhecemos o poder de nossas mentalidades na construção do futuro financeiro desejado. Na trilha do sucesso profissional, cultivamos a excelência como uma expressão de paixão e comprometimento, e a mentalidade empreendedora permeou nossos ambientes, transformando desafios em oportunidades.

A gratidão tornou-se um fio condutor em todos os momentos, realçando a profundidade e a beleza de cada progresso. Reconhecemos que cada avanço é um dom divino, uma manifestação da orientação e graça divinas em nossa jornada. Assim, ao colhermos os frutos de nossa transformação, celebramos não apenas as realizações tangíveis, mas a jornada de crescimento, aprendizado e conexão que moldou nosso caminho até aqui.

Construindo o futuro desejado

Este livro não apenas forneceu um guia, mas também lançou um convite para a transformação profunda. Agora, equipado com os aprendizados de disciplina, espiritualidade, laços familiares fortalecidos, bem-estar emocional, sucesso financeiro e profissional, você se encontra diante da oportunidade de construir o futuro desejado.

Essa jornada, no entanto, é uma estrada que nunca chega ao fim. Cada novo dia é como uma página em branco, oferecendo a chance de fazer escolhas significativas, aprender lições valiosas e continuar a colheita dos frutos que foram cuidadosamente plantados ao longo do caminho. A conscientização de que a jornada é contínua é uma bússola que orienta suas ações, incentivando a constante busca por crescimento e aprimoramento.

Se você alcançou este ponto, é evidente que este livro teve um impacto significativo em sua jornada. Diante desse momento de transformação, encorajo você não apenas a apreciar a experiência, mas também a compartilhar essa fonte de inspiração com aqueles que você ama. Adquirir uma cópia adicional deste livro não apenas solidifica o seu compromisso com o crescimento pessoal, mas também se torna um presente valioso para alguém especial em sua vida.

Ao presentear este livro, você oferece mais do que palavras impressas; você compartilha uma narrativa de renovação, fortalecimento e coragem. Cada página é um convite para a descoberta, um chamado para a transformação interior que pode ressoar profundamente na vida da pessoa que você escolhe presentear. Essas palavras, que foram uma fonte de refrigério e encorajamento para você, têm o potencial de ser um farol nas jornadas de outros.

Portanto, invista não apenas em uma cópia para si mesmo, mas também na possibilidade de ser um agente de mudança na vida de alguém próximo. Seja o portador dessa mensagem revitalizante, contribuindo para que outros também experimentem o despertar da fé, o fortalecimento da força interior e o avivamento da coragem. Dessa maneira, as sementes plantadas por este livro podem se multiplicar, espalhando raios de esperança e inspiração em diversos caminhos.

Que a sabedoria divina continue a guiar cada passo, que a disciplina seja uma aliada constante e que a gratidão permeie cada momento. Que sua jornada prossiga, moldada pela visão e orientação divinas, para que o futuro que você construa reflita fielmente a imagem do propósito que Deus tem para a sua vida. Que o Senhor te abençoe ricamente.

Siga firme, siga em frente.

SOBRE O AUTOR

John Elyston de Souza Altmann nasceu em Santarém, Pará, no dia 09 de janeiro de 1988, e é um profissional de diversas habilidades. Além de advogado, atua como coach e analista de perfil comportamental. Seu comprometimento com a propagação do evangelho de Jesus Cristo é notável. Membro da Nova Igreja Batista em Manaus desde 2009, John demonstra sua dedicação através de seu voluntariado como professor de estudos bíblicos no Seminário da Nova Igreja Batista desde 2018.

Casado com Liérgi Silmara da Costa Altmann desde 2012, John é pai de três filhos: Ana Liz, Isabela Vitória e João Davi. Para ele, a vida é uma oportunidade contínua de compartilhar o poder transformador de Cristo. Sua missão é clara: ajudar cada pessoa a descobrir e viver pelo seu propósito.

Na interseção de sua profissão e vocação espiritual, John busca integrar suas habilidades como advogado e coach para guiar outros a encontrarem significado em suas vidas. Seu compromisso voluntário na igreja é uma extensão natural de seu desejo de impactar positivamente as vidas das pessoas.

Assim, a paixão de John por compartilhar o poder transformador de Cristo se manifesta em seu trabalho multifacetado. Para ele, cada atividade é uma oportunidade de auxiliar outros a descobrirem seus propósitos e viverem de acordo com eles. Este é o cerne da sua dedicação, uma busca incessante para que mais pessoas vivam com significado e propósito, guiadas pela luz transformadora da mensagem de Cristo.

LINKS

Avalie este livro na Amazon e ajude outras pessoas a embarcarem nesta viagem.

Siga-me no Instagram e converse diretamente comigo.

Descubra seu perfil comportamental e receba um relatório completo com mais de 80 características sobre você.

Conheça o Curso Fale bem para se dar bem e transforme sua forma de comunicar através do autoconhecimento.

Acesse o site do autor (www.altconsultoria.com.br)
e tenha acesso a cursos, treinamentos e muito mais.

Milton Keynes UK
Ingram Content Group UK Ltd.
UKHW030002130224
437723UK00016B/1394